By SASAKI Michio
The History of *YAKINIKU*

焼肉の歴史

佐々木道雄［著］

雄山閣

はじめに

焼肉の誘惑

肉を焼くとなんともいえない匂いがし、「食べたい！」という衝動に駆られる。それは単なる食欲といったものだけでなく、なんといったらいいか、体の奥底から得体の知れない欲望が「グワッ」と湧きあがるような、そんな感覚さえするのだ。

それははたして、どこから来るのだろう。おそらくは、狩猟採集民として何百万年も生きた人間の、本性に根ざしたものではないだろうか。

太古の人々にとって、久しぶりに得た獲物を焼いて食べるのは最高のご馳走であったし、命をつなぐためになくてはならないものであった。その体に染み付いた太古の記憶が、あの香ばしい匂いによって、一気に湧きあがってくるのではなかろうか。そのためか、手の込んだ料理が身の回りにあふれるようになった今日でも、焼肉のあの誘惑に勝るものはない。

焼肉とは何だ

では、この魅力あふれる焼肉とは、どんな料理をいうのだろう。わかりきったことのように思われるが、おさらいをしておこう。

『広辞苑』（第五版、一九九八年）によると、焼肉は「牛・豚などの肉をあぶって焼いたもの」とある。つまり「肉を焼く料理一般」を意味することになる。したがって北京原人が食べたのも、一流のシェフが技量の限りを尽くして焼き上げたのも、「焼肉」というひとつの言葉でくくることができる。

だが私たちが「焼肉」と聞いてイメージする料理は、それとは少し違うようにも思う。そこで今度は、講談社の『日本語大辞典』（第二版、一九九五年）に登場してもらおう。

それによると焼肉は、「肉を網・フライパンなどで焼いたもの。ふつうは、朝鮮料理の焼肉をいう」とある。つまり「焼肉」には、「肉を焼く料理一般」と「朝鮮料理の焼肉」の二つの意味があり、一般には後者の意味で使われるということになる。そしてこの説明であれば、納得がいく。

では、一つ目の「肉を焼く料理一般」とは、具体的にどんなものをいうのだろう。

焼く対象でいえば、牛・豚・羊などの家畜の肉だけでなく、猪、熊などの獣《けもの》や、鶏、アヒル、鴨、雀など鳥類の肉も加わる。肉の加工では、薄く切ったものや、小片に切ったもの、大きな塊状のもの、さらには一頭（羽）丸ごとのものもあるだろう。焼き方では、直火焼き、鉄板焼き、石焼き、いぶし焼きなどの別があり、串に刺して焼いたりもする。さらに、どんな味付けにするかはそれこそ千差万別で、ここで述べるのも難しい。代表的なものには、〝ビフテキ〟〝ポークステーキ〟〝ジンギスカン〟〝烤乳猪《カオルウツウ》（子豚の丸焼き）〟〝シシカバブ〟〝焼き鳥〟などがある。

次に、二つ目の意味の「朝鮮料理の焼肉」とはどんなものだろう。

これは比較的にわかりやすく、われわれが目にする朝鮮料理としての焼肉を、つまり「焼肉店の焼肉」や、それを模した家庭の焼肉を指す。

以上のように「焼肉」には、広い意味としての「肉を焼く料理一般」と、狭い意味としての「焼肉店の焼肉」の二つが存在する。そのため「焼肉」とだけ表現したのでは、どちらなのか判断できない。そこでこれ以降、前者を**焼肉料理**、後者を**焼肉**と表現することにしたい。

焼肉の特徴

では焼肉には、どんな特徴があるのだろう。それらを整理すると、次のようになる。

① おかずの一品としてでなく、肉を主体に食べる料理である。
② 複数の人がコンロを囲んで焼き、歓談しながら食べる形式を持つ。
③ 店舗料理として発達した。
④ 朝鮮の焼肉料理に起源がある。

この四つの特徴をすべて備えたものが焼肉といえる。

その一方で、焼肉という言葉の入ったさまざまな料理が、たとえば「焼肉定食」「焼肉弁当」「焼肉バーガー」「焼肉サンド」などといったものがある。これらは焼肉から派生した料理ではあろうが、この本でいう焼肉に該当させることはむずかしい。なぜなら「焼肉定食」や「焼肉弁当」は、前述①の部分（肉を主体に食べる）や、②の部分（肉を焼き歓談しながら食べる）が完全に欠落している。さらに、「焼肉バーガー」や「焼肉サンド」は、それ以上に先の定義から外れる。

これに対し、焼肉の特徴をかなり備えた料理も存在する。それが、バーベキューとジンギスカンだ。

バーベキューは、コンロを囲んで歓談し、肉やソーセージ、野菜などを焼きながら食べる欧米風の屋外料理で、①～②もしくは①～③を満たしている。ジンギスカンも、コンロを囲んで歓談しながら羊や牛などの肉を焼いて食べる料理で、①～③を満す。しかしどちらも、④（朝鮮の焼肉料理に起源がある）が該当しない。

バーベキューとジンギスカンはこのように、起源を異にする点を除くと焼肉にとてもよく似た料理であることがわかる。

「焼肉史」の問題点

次に、焼肉がいつどのようにして誕生したのかについて考えてみよう。
これについては、在日の専門家・鄭大聲《チョンデソン》（敬称略、以下同様）らによって、さまざまに語られてきた。それらをひとまとめに要約すると、次のようになるだろう。

【従来の焼肉史】

日本では肉食文化が育たず、明治になって肉食が奨励されたものの、あまり普及しなかった。そのため肉を直火で焼く料理法は知られていなかったし、牛・豚の内臓は食べずに捨てていた。
一方、朝鮮では肉食を禁じなかったために肉食文化が発達し、庶民も焼肉料理を食べ、内臓の利用法にも熟知していた。朝鮮が植民地化されると、こうした文化伝統を持った人々が日本に渡ってきた。
日本が敗戦を迎えて食糧難になると、日本に残った朝鮮人たちは、日本人が食べずに捨てた牛や豚の内臓を拾って調理し、こうしてホルモン焼きが始まった（朝鮮では内臓は煮込むのが主体で、内臓を焼いて食べるのは在日韓国・朝鮮人が始めたものだ）。これが当たって朝鮮料理店が次々に誕生し、やがて精肉の焼肉も始まった。

焼肉は戦後早々に、日本人が食べずに捨てた牛豚の内臓を、在日韓国・朝鮮人が拾って焼いて食べたことから始まったとする考えだ。その根拠を、日本、朝鮮半島、在日韓国・朝鮮人の別に整理しなおすと、次のようになる。

・**日本**では肉食文化が育たなかったため、肉を直火で焼く料理法を知らなかったし、牛豚の内臓は食べずに捨てていた。
・**朝鮮半島**では肉食文化が発達し、庶民も焼肉料理を食べ、内臓の利用法も熟知していた。

・朝鮮では内臓は煮込むのが主体で、焼いて食べるのは在日韓国・朝鮮人が始めた。

だが、これらは本当なのだろうか。「焼く」のは料理の基本中の基本なのに、かつての日本では肉を直火で焼くことを知らず、朝鮮でも内臓を焼いて食べることはなかったという。また、少なくとも沖縄や被差別部落の人々は牛豚の内臓を食べてきたのに、日本人は内臓を食べすに捨てたとある。さらに、古来農業国であった朝鮮の庶民までが、焼肉料理を食べていたというのである。

筆者はこれまで東アジアの食文化について研究してきたが、その立場からすると、これらには大いに疑問を感じないわけにはいかない。そこでその真偽について検証し、事実に即した認識を広めようと考え、世に問うたことがある。それが、前著『焼肉の文化史』(二〇〇四年)であった。

この本は、先に示した「従来の焼肉史」の骨格を詳細に検討し、そのほとんどが俗説であることを論証するとともに、それに代わる新たな「焼肉史」を構築しようとしたもので、われながら画期的だったと考えている。

だが、筆者としては心に残る部分があった。それは、従来の説が誤りであることを述べるのに重点をおいたために、焼肉がどこでどのようにして誕生したのか、というようなところまではあきらかにできなかったことだ。

そこでその反省をもとに、焼肉誕生の歴史に真正面から取り組んでみようと決心した。こうして完成したのが本書である。作業を始めてみると、幸運なことに、さまざまな発見が相次いだ。そうしたこともあり、焼肉誕生にいたる経緯やその後の発展のありさまをあきらかにできたように思う。

用語について

著作上で迷うのは、朝鮮半島にかかわる用語である。韓国の人を韓国人というのはあたりまえだが、植民地時代やそれ以前の人を韓国人と呼んでいいのかという疑問である。そこでこの本では、大韓民国が成立した後については

〝韓国人〟を、それ以前には〝朝鮮人〟を用いることにした。また〝朝鮮料理〟と〝韓国料理〟については時代ごとに使い分けるのも不自然なので、時代に関係なく〝朝鮮料理〟を使うことを原則とした。その他の用語についても、それらに準じた。

目次

＊本書は、平成二十三（二〇一一）年三月刊行の『焼肉の誕生』を改題し、装丁を新たに刊行したものです。　（雄山閣編集部）

第一章　焼肉の歴史

焼肉には、精肉を焼く精肉焼肉と内臓を焼く内臓焼肉の二種類があり、これまでは、内臓焼肉が戦後早々に誕生し、次いで精肉焼肉が作られるようになったと考えられてきた。だが筆者は『焼肉の文化史』で、それより早い一九三〇年代に焼肉が誕生し、しかもそれは精肉焼肉であったことをあきらかにした。そこでこの章では、その焼肉がどのようにして誕生したのかについて検討してみることにしたい。

なお、焼肉の誕生とは、コンロを囲んで焼きながら食べるスタイルの、店舗料理としての朝鮮の焼肉料理が確立されることをいう（焼肉と焼肉料理の定義については「はじめに」に記述した）。

1　朝鮮半島の焼肉前史

焼肉が誕生する以前の朝鮮半島には、どんな肉食文化があり、どんな焼肉料理があったのだろう。焼肉の誕生について考える前に、その歴史についてひととおり見ておこう。

（1）肉食の状況

朝鮮朝時代の肉食

一般には、朝鮮料理の代表が焼肉で、朝鮮半島は肉食が盛んな地域と考えられてきた。その考えを助長するかのように、「朝鮮では庶民も焼肉を食べていた」と述べる食文化の専門家さえいた。だが、朝鮮半島は気候風土が日本列島と類似し、日本と同じく農業を大本として栄えてきた地域であった。そうした風土に暮らす人々が、盛んに肉食をしたという説明を、そのまま信じることができるだろうか。

たとえば朝鮮朝時代（一三九二～一九一〇年）には、牛を屠殺して食べることは原則禁止であった。その様子を、拙書『朝鮮の食と文化―日本・中国との比較から見えてくるもの』（一九九六年）からのぞいてみよう。

「仏教を国是とする高麗から、儒教を国是とする李氏朝鮮（李朝）[1]に時代が代わっても、牛に対する考え方は同様であった。李朝時代の屠牛禁止は、繰り返し何度も何度も、執拗に繰り広げられた。

太祖五年（一三九六年）には、「鶏、豚を畜し、養老、病、祭祀に供すること」（『李朝実録』）を命じた。薬用や犠牲《いけにえ》用には鶏、豚を用い、牛を使うなという意味だ。李朝時代の初めには、牛の屠殺は勿論、自死（病死・事故死）した牛の肉ですら食べた者は重罪となった。しかし、この原則はしだいに崩れていく。「牛馬の自死せる肉の売買に、官の烙印なきもの禁止」（一四二九年）となる。それでも、牛の屠殺禁止違反がひきもきらず頻発した。この原因の一つに、牛の屠殺を正業とする人々（白丁《ペクチョン》）の存在があった。彼らは〝牛馬を盗殺する〞として、刑罰や移地を強いられる。こうして白丁は、賎民の中で最も差別される集団となっていった。ところが、不正に屠殺された牛肉のお得意先は、なんと支配層（高級両班《ヤンバン》）であった。こうして牛が減少し、農耕に支障をきたすようになる。そこで再び禁令を出して取り締まる。これを何度も繰り返すうちに、牛肉は食品として定着していった」

朝鮮朝時代はその全期間を通し、宮中での儀礼や祭礼などに必要な場合を除いて屠牛禁止が原則だったが、これが少しずつ崩れて合法・非合法の抜け道が作られていった。特にソウルでは、宮中の祭礼に使うことを隠れみのにした

清渓川《チョンゲ》沿いの風景（『朝鮮風俗写真帖』1920年）
都の中央を東西に流れる清渓川沿いの風景。左に見えるのが水標橋《スピョ》。

朝鮮第一の繁華街・鐘路《チョンノ》の風景
（『ろせった丸満韓巡遊記念写真帖』1906年）

図１－１　朝鮮朝時代の都・漢城《ハンソン》（現、ソウル）の風景

屠牛がしばしば行われ、その肉が市中に横流しされた。

しかし屠牛禁止が弛緩した十九世紀においてさえ、公式には年一回だけ屠牛が許されるのみだった。朝鮮朝時代の代表的な歳時記『東国歳時記』（一八四九年）から引用しよう（訳は引用者）。

「除夕《おおみそか》の一～二日前から、屠牛禁止を弛める。諸法司（法令を司る官庁）では、屠牛禁止の牌を回収し、元旦になって解除を止める」

牛肉を食べることができたのは一部の特権・支配層に限られたが、地方に住む両班《ヤンバン》（特権支配階層）までは牛肉がゆきわたらず、そのため大晦日に禁令を一時解除し、正月の祭祀になくてはならない牛肉が入手できるようにしたのである。

だが、手に入りにくいのは牛肉だけでなかった。その様子を、韓国の食文化史の権威・尹瑞石《ユンソソク》の『韓国食生活文化の歴史』（拙訳、二〇〇五年）からのぞいてみよう。

「牛は、農事に動員される重要な動力だったので、やたらに食べることはできなかった。馬肉は本来韓国では食用にするものでなく、朝鮮朝時代には豚や鶏も、食用を目的として大量に飼育されることはなかった。豚は子を育てて財貨として交換し、鶏も卵を産んで財貨として交換するための家畜だったため、朝鮮朝時代の食生活において、肉類は珍しい食品であった。このように韓国では、古代から肉料理の技術は優れていたが、素材としては品薄であった。こうした環境から、韓国では、肉、骨と頭、足、内臓、鮮血など部位別の調理法が発達し、固有の肉料理文化が形成された」

牛肉だけでなく豚肉や鶏肉も入手しがたく、それゆえに肉の部位別調理法が発達したどいうのである。

肉の供給状況

では、どれだけの肉が消費されたのだろう。その状況を知るために、一人あたりの肉類消費量の経年変化を示すグラフ（図１－２）を、拙書『焼肉の文化史』から引用しよう。

これを見ると、日本は終戦後から、韓国は朝鮮戦争（一九五〇～五三年）後から肉類の消費が飛躍的に増加し、ここ五十年ほどで十倍以上にもなったことがわかる。だがそれ以前は、今日とは比べようもないほど極めて低い消費レベルにあり、たとえば一九〇〇年の朝鮮の肉消費量の推計は、年間一人当たり二・〇キログラムにすぎなかった。

しかも肉類は、一握りの支配富裕層によって独占的に消費された。『朝鮮の生活と文化』（村田懋麿、一九二四年）には、植民地化される前後の時代の庶民の食事が、次のように記されている。

「一生腥《なまぐさ》い物の味も知らず、山僧みたいな境遇を送る彼等の多数は、世にも稀なる菜食主義者であるといはねばならぬ」

この本には毎日のように肉を食べる一握りの特権層が登場する

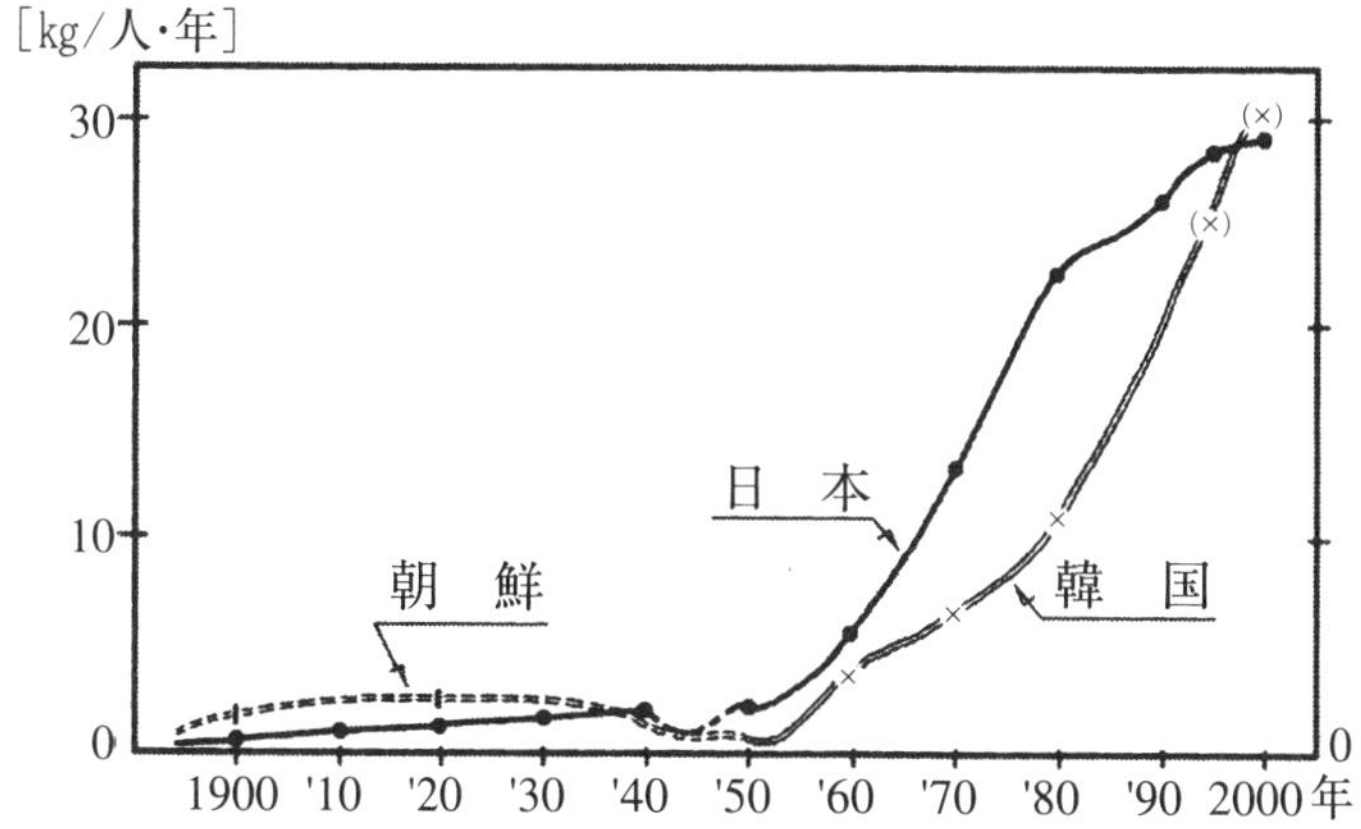

図１－２　朝鮮・韓国と日本の一人あたりの肉類消費量（『焼肉の文化史』）
官庁統計などによる。ただし、解放（1945年）前の朝鮮の肉消費量は、家畜（牛・豚・鶏）の飼育数や屠蓄数などから筆者が推計し、韓国の1995年と2000年は筆者の概算による。

が、その一方で大多数を占める庶民は、肉とほとんど無縁の生活を強いられていたのである。このため朝鮮の肉食文化は、この一握りの特権層の中で発展する。

では、彼ら特権層は、どんな焼肉料理を作っていたのだろう。

（2）朝鮮朝時代の焼肉料理

焼肉料理の発展

一七一五年頃の朝鮮の百科全書『山林経済』を見ると、たくさんの焼肉料理法が収録されている。材料は、羊、牛、鹿、ノロ鹿、ウサギ、カモ、ウズラなどだが、その中で最も多いのが羊であった。これら料理の多くは、『居家必用《きょかひつよう》事類全集』（以下、『居家必用』という）を始めとする中国書からの引用である。

ところが一七六六年の百科全書『増補山林経済』になると、朝鮮の独自性が強まり、牛を使う料理が多数登場するようになる。作り方も〝雪夜覓《ソリヤミョク》〟〝雑散《チャプサン》法〟〝醤散《チャンサン》法〟など多彩で、部位では、肉、あばら肉、心臓、肝臓、腸、胃、千葉（牛の第三胃）、足、尾などが使われている。これは、禁制だった屠牛が既成事実化したことで、牛の肉や内臓を使う料理法が発達したためとみられる。

また〝雪夜覓の作り方〟を見ると、「ニンニク汁を少し加えると（肉が）いっそう柔らかくなる。しかし人によってはこの匂いを嫌う」とある。朝鮮では古来よりニンニクを多用してきたように考えられがちだが、実際にはそれは十八世紀以降のことであった（『朝鮮の食と文化—日本・中国との比較から見えてくるもの』）。したがって「人によってはこの匂いを嫌う」と記したこの文は、ニンニクが肉の調味に使われ始めたことを示したものといえる。

〝雪夜覓《ソリャミョク》〟の料理法

雪夜覓はプルコギの元になった料理だが、名のいわれが『松南雑識』（一九〇〇年頃の朝鮮の書）に記されている。それによると、中国・宋の太祖（在位九六〇～九七六年）が雪夜に相臣（大臣相当の高官）・趙普を訪ねると、肉を焼いていたので、その料理を雪夜覓と呼ぶようになったという（李盛雨『韓国料理文化史』一九八五年）。

料理法は、漢詩集『海東竹枝』（崔永年、一九二五年）に、次のようにある（訳は引用者）。

「雪裏炙（雪夜覓に同じ…引用者注）は昔から、開城《ケソン》（高麗の旧都…同）の名物である。作り方は、牛のカルビ（あばら肉）や心臓を油と葷菜《くんさい》（ネギ・ニンニクなどの匂いの強い野菜…同）で調味して焼き、半分ほど焼けたら冷水にしばらく浸け、強火で再び焼く。雪の降る夜の酒の肴にうってつけで、肉がとても柔らかく味がよい」

これは、肉などを薄く切って下味を付けてから焼く料理だが、途中で水に冷やすのは、肉を焦がさずに焼き上げるためのようだ。

宮廷の焼肉料理

雪夜覓を始めとする焼肉料理は、特に、宮廷料理として発達した。その多様さを、一七九五年の『園幸乙卯整理《えんこうおつうせいり》儀軌《ぎき》』からかいま見てみよう。

この書は、二十二代国王・正祖《ションジョ》の即位二十周年の慶事などが重なったことで行われた行幸の記録で、王や王母など一行の食膳の詳細を知ることができる。その焼肉料理を、牛、豚、鳥の別に整理して示すと、次のようになる。

牛：カルビ焼き、細カルビ焼き、足焼き、脊髄焼き、雪夜焼き（雪夜覓に同じ）、黄牛焼き、胃（ミノ）焼き、

腎臓焼き、心臓焼き、直腸焼き、尻尾焼き、牛肉内腸焼き

豚：豚肉焼き、豚カルビ焼き、軟豚焼き

鳥：生雉焼き、軟鶏焼き、ウズラ焼き

牛が最も多く、精肉だけでなく内臓（脊髄、胃、腎臓、心臓、直腸など）も焼かれている。日本の通説では、「朝鮮では内臓は焼いて食べることをしなかった」とされてきたが、実際にはさまざまな部位が焼かれていた。

伝統の焼肉料理

これらの焼肉料理はもともと、串に刺して焼くものだった。だが鉄が増産されると金網が作られるようになり、それを使って焼くものが出現する。こうして焼肉料理は金網で焼く〝肉類のクイ（肉の焼き物）〟と、従来どおりに串に刺して焼く〝散炙《サンジョク》（串焼き）〟に分かれる。それらを、以下に示そう。

肉類のクイ（肉の焼き物）：牛や豚などの肉は薄く切り、心臓・腎臓・胃などは小さく切り、味付けしてから網焼きする。そのうちのカルビクイ（カルビ焼き）を、図1－3の左に示す。

散炙《サンジョク》（串焼き）：味付けした精肉や内臓、野菜などを串に刺して

カルビクイ（カルビ焼き）

カルビ（骨付きあばら肉）をタレに浸けてから焼く。

花陽炙

牛肉、トラジ（桔梗の根）、ニンジン、ネギを交互に串に刺して焼く。

図1－3　朝鮮の伝統焼肉料理

（尹瑞石『韓国飲食（歴史외調理法）』改訂版、修学社、1999年）

焼く。肉とネギで作るネギ散炙、肉と餅で作る餅散炙など、さまざまな種類がある。そのうち色とりどりに作る花陽炙《ファヤンジョク》を、図1－3の右に示す。

これら料理は写真からわかるように、皿に盛っておかずの一品として供されるものだった。

肉は焦がしてはいけない

先の雪夜覓《ソリヤミョク》の作り方によると、肉が「半分ほど焼けたら冷水にしばらく浸け、強火で再び焼く」ことを繰り返すとあった。これは焦がさないように焼くためとみられるが、これと同様の方法が中国書にも見える。ひとつは十三世紀中葉・宋代の『山家清供《さんかせいきょう》』に、ノロ鹿の切り肉を羊の脂身で包んで炙り、焼けたら脂身を捨てて肉だけを食べる（「炙麞」の項）もので、もうひとつは十四世紀・元代の『居家必用』に、味付けした小麦粉の汁を肉に付着させて焼き、焼けたら小麦粉の衣を剥ぎ捨てて食べる（「筵上焼肉事件」の項）ものだ。

これらは肉に衣を巻いて焼く方法で、調味の意味もあるだろうが、主眼は肉を間接的に焼いて、焦がさずにやわらかく焼き上げることにあるように思われる。『居家必用』のこの焼き方は朝鮮にも伝わり、『山林経済』（一七一五年頃）や『林園《りんえん》十六志』（一八二七年頃）に引用されている。

朝鮮の料理書にはこのように、肉を焦がさないための料理法がいくつかみられるが、さらに、水で濡らした紙を鉄網の上に敷いて肉を焼く方法も編み出された。これは「宮中では必ずやっていた方法」（黄慧性、石毛直道『韓国の食』一九八八年）で、また民間でも行われていた（槇浩史『韓国名菜ものがたり』一九八七年）。

焼きながら食べる焼肉料理

これらの料理は台所で焼き、皿に盛って配膳するものだった。それに対し、数は少ないが、肉を焼きながら食べる

図１－４　チョンゴル鍋
（国立民俗博物館編『国立民俗博物館』1988年）
煎鉄炙などの鍋料理（チョンゴル）を作って食べるのに用いられた。

ものもあった。以下に、二つ紹介しよう。

煎鉄炙《チョンチョルジョク》：火鉢の上の鍋（チョンゴル鍋）で野菜を煮、鍋の縁で肉を焼く。鍋を囲み、三〜四人で食べる。

パンジャクイ（房子《パンジャ》焼き）：塩味で食べる焼肉料理のこと。宮廷や地方官の下僕（房子《パンジャ》）が主人の宴会が終わるのを待つ間に、何も調味されていない肉をもらってきて、たき火で焼いてバッと塩を振って食べたことからこの名がある。

煎鉄炙の特徴は鍋を囲んで食べるところにあり、この形式は日本の鍋料理と同様といえる。朝鮮の伝統的な食事様式が銘々膳（一人用のお膳）によるものであることからすると、これはかなりくだけた形式ということになる。

それよりさらに自由なのが、パンジャクイ（房子《パンジャ》焼き）の食べ方だろう。これは〝つまみ食い〟のような簡易的な食事形式で、どちらかといえばバーベキューに近い。しかし下品な食べ方とされ、こうした食べ方は下僕（房子）のような下層の者が行うものだった。

鍋料理文化の交流

煎鉄炙の食べ方が、日本の鍋料理と同様であると述べたが、この類似はどこからくるのだろう。それを知るために、少し寄り道になるかもしれないが、東アジアの鍋料理について考えてみたい。

鍋はもともと、台所で使う道具（①）だった。それからやがて、調理の終わった料理を鍋ごと食事の場に持ち込む形式（②）が現れ[2]、さらに、火鉢やコンロを食事の場に持ち込み調理しながら食べる形式（③）が誕生する。これが鍋料理で、この形式は中国、朝鮮、そして日本に存在する。

日本では、②の形式（鍋焼き式）が十七世紀中頃の文献にみられ、③の形式（鍋料理）も十八世紀後半に現れる[3]。その出現は、「なまにへなうちになくなる小なべだて（まだ生煮えだというのに鍋がからっぽになる）」（『柳多留』一七八五年）と詠んだ江戸の川柳（鈴木晋一『たべもの史話』一九九九年）や、図1－5に示す浮世絵などから確認できる。

中国では十三世紀中葉の『山家清供《さんかせいきょう》』に、鍋を囲んで暖をとりながら、薄切りのウサギ肉を鍋の湯でゆすいで食べる料理（「撥霞供《はっかきょう》」）が出ている（箟久美子『中国の食卓』一九九三年、中村喬編訳『中国の食譜』一九九五年）。これは今日の〝涮羊肉《スワンヤンロウ》〟（シャブシャブ）に相当し、これが東アジアの鍋料理の初出とみられる。

図1－5　江戸後期の鍋料理

（北尾重政〔1739－1820年〕『絵本世都濃登起』）

火鉢にしつらえた鍋を囲み、皿を持って直箸で食べる姿が描かれている。

朝鮮では一八四九年の『東国歳時記』に、火鉢にのせた鍋（煎鉄）を囲んで食べる料理が出てくる。また、漢城《ハンソン》（現、ソウル）の文物・風俗・行事などについて記した『京都雑志』（十八世紀末）にも、この料理の記録が見られる。これが前述の煎鉄炙《チョンチョルジョク》で、旧暦十月に行われる〝煖炉会〟の行事食であった。

〝煖炉会〟とは、暖炉に火を入れることが許される日（旧暦十月一日）を祝って酒宴を設ける行事をいい（入矢義高ほか訳注『東京夢華録』一九九六年）、その歴史は中国の唐代までさかのぼる（中村喬編注『清嘉録―蘇州年中行事記―』一九八八年）。煖炉会はこのように、中国に起源があり、それが朝鮮に伝わったものだった。したがってこの行事と一緒に、鍋料理（煎鉄炙）が朝鮮に伝来した可能性がうかがわれる。

以上のことから鍋料理は、十三世紀中葉に中国で誕生し、十八世紀頃に朝鮮や日本に伝来したと推察される。

日本と朝鮮の料理文化の交流

ところが朝鮮では、煎鉄炙が日本から伝わったとする記録が『林園十六志』（一八二七年頃）に見られる。また、この記録（漢文）をよく読むと、日本から伝来したのは料理（煎鉄炙）ではなく、チョンゴル鍋であったと解釈することもできる。

そこで筆者は以前に、形が図1－4（チョンゴル鍋）のように特徴的な鍋なら、手がかりがつかみやすいのではないかと考え、江戸時代の同形の鍋をあれこれ探してみたことがあった。だが、それらしいものはなかなか見つからない。ところがある日、喜田川守貞の『守貞謾稿《もりさだまんこう》』（幕末期）に、似たような鍋が載っているのを見つけることができた（図1－6）。

それは、上鍋と下鍋からなる二重鍋で、上鍋の料理（図では煮えたドジョウが放射状に並んでいる）が冷えないように、下鍋に湯を入れてお客に出すものであった。そして上鍋には下鍋に載せるための鍔《つば》がついている。

この鍋が朝鮮に伝来し、保温用の下鍋が火鉢におき替わって、図1－4のような個性ある鍋ができあがった可能性はないのだろうか。もしあるとすれば、煎鉄炙が日本から伝来したとする『林園十六志』の説は正しいことになるし、料理そのものが日本から伝来した可能性も排除できないことになる。

しかしながら朝鮮は、日本より中国との交流のほうが深かったし、頻繁でもあった。しかも前述したように、行事食として伝来したとする傍証が存在する。とすれば、日本よりも中国から伝わった可能性のほうが大きいことになる。

にもかかわらず、煎鉄炙が日本から伝来したとする説が生まれたのはなぜだろう。

そのわけは次のように考えられる。

中国の鍋料理は日本と同じく、みずから煮て食べる形式であったが、朝鮮に伝来すると、みずから料理するのは下品とする朝鮮の伝統によって、介添えの人が調理する形式に変化した。だが行事食として伝来した煎鉄炙は、本来の形のままに、みずから煮て食べる形式を保ったとみられる。そうしたところに日本から、同じくみずから煮て食べる形式の鍋料理が伝わった。そのため煎鉄炙は、日本から伝来したものと考えられるようになったのではなかろうか。

つまり朝鮮の鍋料理のほとんどが、介添えの人が調理して出来上がったものを器に盛って出す形式となって久しい頃に、日本からも自分で調理する形式の鍋料理が伝わったことで、先のような解釈が生まれたと考えることができる。

したがって煎鉄炙は、中国から伝わったと解釈するほうが適切だろう。だが注目すべきは、そのいずれであっても、鍋料理は中国だけでなく日本からも伝わったということだ。

日本の鍋料理は、どのようにして朝鮮に伝わったのだろう。それは、朝鮮通信使や倭館《わかん》を通したものと考えられる。

図１－６　ドジョウ鍋用の二重土鍋
二重式の鍋で、湯を入れた下鍋に料理の入った上鍋を重ね、蓋をして客に出す。鍋を座敷に持ち込む②の形式（鍋焼き式）が進化して、保温機能が付加されたものとみられる。

朝鮮通信使とは、朝鮮王朝が徳川将軍にさしむけた使節団のことで、約四百人前後の朝鮮人の役人・学者・芸術家・芸能保持者とその随行者らが、華やかな行列となって漢城《ハンソン》（現、ソウル）と江戸の間を往復した。江戸時代にはこの往来が、つごう十二回にわたって実施されるが、その行く先々で人々との交歓や文物の交

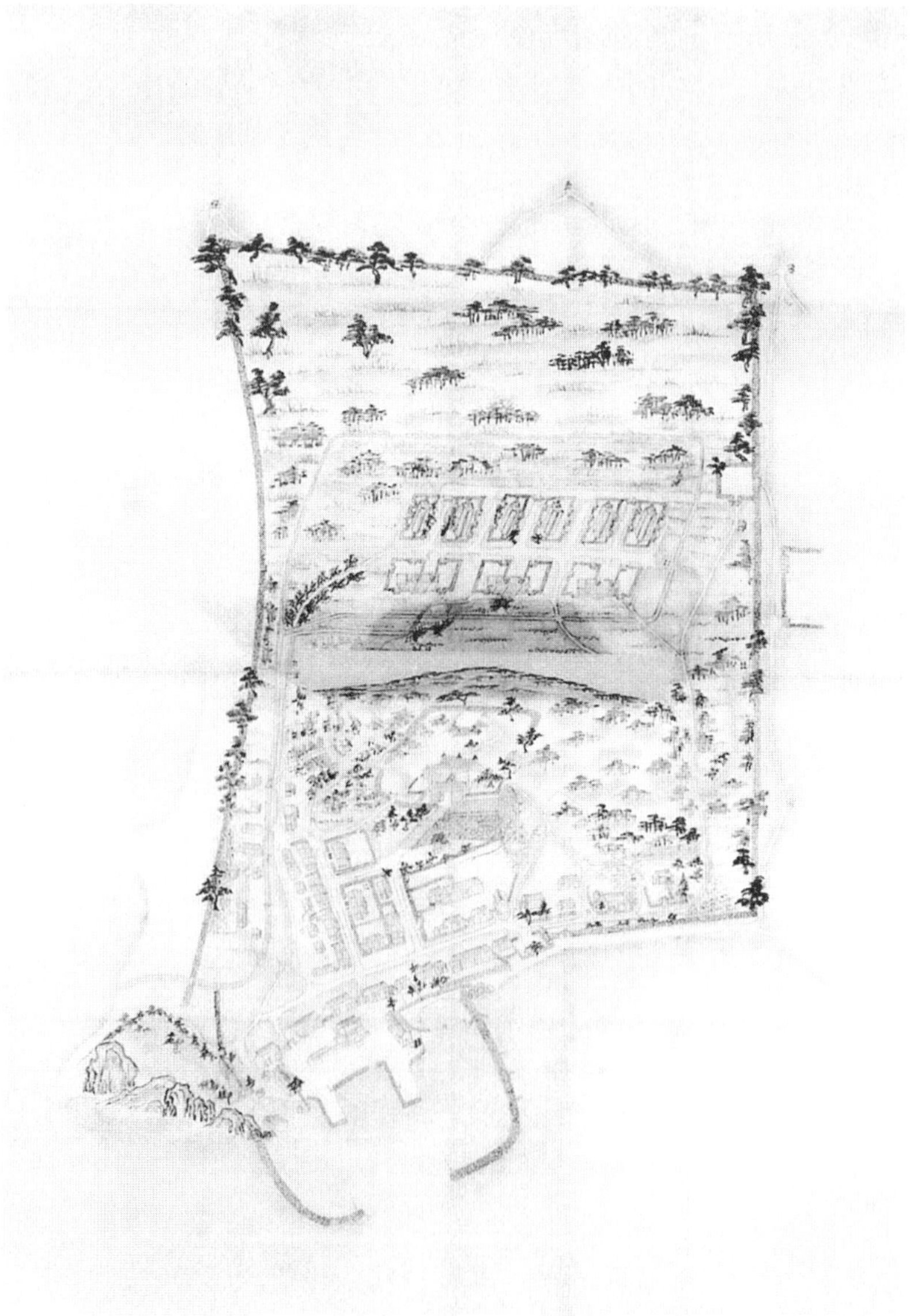

図１－７　倭館絵図（長崎県立対馬歴史民俗資料館所蔵）

草梁《チョリャン》倭館（1678-1873年）の絵。場所は現在の釜山広域市・龍頭山公園一帯。広大な敷地にたくさんの家屋敷が並び、寺や神社まで設けられていた。

換が行われ、通信使の一行を歓待するためのさまざまな料理が供された（高正晴子『朝鮮通信使の饗応』二〇〇一年、など）。

また倭館とは、日朝間の外交と貿易を担う対馬藩の出先機関のことで、今日の釜山にあたる場所（図1－7）に常時五百人前後もの日本人が滞在し、朝鮮人役人や商人との話し合いや取引が日常的に行われていた。朝鮮人役人を饗応する機会も頻繁にあり、料理には〝杉焼〟[4]や〝鴨鍋〟が盛んに用いられた（田代和生『倭館』二〇〇二年）。つまり、鍋料理などの日本料理が頻繁に供されていたのである。

江戸期にはこうした交流によって、鍋料理を含む日本と朝鮮の料理文化が往来したと考えられるのである。

図1－8　京城（現、ソウル）第一の繁華街・本町通（現、忠武路《チュンムロ》）（『朝鮮の展望』1934年）

朝鮮が日本の植民地になると、日本人と日本文化が大挙して流入し、日本人による日本人のための繁華街も各所に出現する。街は日本語であふれ、和服を着た婦人や洋装の男性らがゆきかった。

（3）植民地時代の焼肉料理

変化する伝統料理

約五百年続いた朝鮮朝時代は一九一〇年八月の日韓併合によって終わりを告げ、朝鮮は日本の植民地になる。これによって伝統的な社会秩序は崩れ、食をめぐる環境も大きく変化する。宮廷や上級支配層を中心に発展してきた伝統料理は衰退と変貌を余儀なくされ、民間に流出して、料理屋[5]や家庭の料理へと変身していった。こうした中で、伝統の焼肉料理も変化の道を歩み始める。

図1－9　王の日常食としてのチョンゴル（鍋料理）（『韓国の食』平凡社、1988年）
朝鮮朝時代の王の日常食では、王の食膳のそばに、チョンゴル用の盤（写真の左上）とチョンゴル鍋をのせた火鉢（同じく中央上）が置かれた。チョンゴル盤には、鍋料理の材料である野菜、牛肉、スープ、ごま油、生卵が置かれ、これをチョンゴル専門の女官が鍋で煮炊きし、取り分けて皿に盛り、王に勧めた。

焼肉料理は焼きたてを食べるもの

『朝鮮料理製法』（方信栄、初版は一九一七年）は、植民地時代に発行された最初の朝鮮料理書だが、手元にある第六版（一九三四年）を見ると、カリクイ（カルビ焼き）、鶏焼き、雉焼き、牛心臓焼き、豚肉焼き、牛肉焼き（ノビアニ）の、六種類の焼肉料理を拾うことができる。

焼き方を見ると、カリクイや鶏焼きは「食べるときに金網で焼いて食べる」とあり、他の焼肉料理でもほとんどが、「焼いて食べる」と記されている。これは焼いてすぐに食べることを意味し、その方法は『韓国の食』によると次のようなものであった。

「（主人の側に）堅炭を起こした火鉢を持ってきて、（奥さんが）調味料で和えたお肉を適当な焼き具合にしてお皿に取ってあげるわけです」

食事をする傍らに火鉢を持ってきて、介添えの人（ここでは奥さん）が肉を焼いて皿に盛り、食べるよう勧める。これはもともと王宮や上級支配層で、チョンゴル（鍋料理）を食べるときの食べ方であった。その形式が、家庭の焼肉料理にも取り入れられたのである。

2　日本の焼肉前史

植民地時代の朝鮮では、焼きたてを食べる焼肉料理が出現したが、日本ではどうだったのだろう。ここでは、日本の近世以降の焼肉料理について概観してみよう。

（1）焼肉料理の普及

日本の肉食文化と焼肉料理

文明開化以前の日本では、仏教などの影響により獣肉食が忌み嫌われてきた。そのため、公的な食事に獣肉が出ることはなかったし、獣肉を食べることを忌み嫌う人も多かった。また、農民にとって牛馬は農耕の仲間であり、その肉を食べることは人情の上からも受け入れられなかった。そのため日本には、肉食文化がなかったと述べられたりもする。

しかし、鹿、猪、兎、狸などの獣肉は、山間民や一部の武士たちが好んで食してきたし、キジやカモなどの鳥類は、貴賤を問わずご馳走であった。さらに江戸や大阪などには、〝ももんじ屋〟や〝山奥屋〟という名の、鳥獣肉の専門店さえあった（図1－10）。

図１－10　江戸の獣肉店・ももんじ屋の店先
（日本風俗史学会編『近代日本風俗史』雄山閣、1968年）
絵の右側が屠殺した獣を並べて販売するところ、左側が獣肉料理を食べる座敷。看板の「山くじら」は猪を表す隠語。こうした店は、京都や大阪にもあった。

このように日本では、肉食をまったく拒む人からご馳走と感じる人までおり、肉食に対するタブーは身分や立場によりさまざまであった。そして一般には牛や馬、つまり家畜の肉が食用禁止であり、山野の獣や鳥類の肉は比較的に自由であった。[6]

文明開化にともなって日本にやってきた欧米人は、家畜を食用にする文化を担った人々であった。そのため家畜の肉を食べることをタブー視する日本人を、「肉食をしない人々」ととらえたのだろう。その見方が日本人にも投影され、明治維新後の牛肉食の公認を、「肉食の解禁」というような不正確な言葉で表現してしまった。このため日本では、鳥獣などの肉食もしなかったと誤解する人が続出する。[7]しかし食する量がきわめて少なかったとはいえ、前述のような肉食文化が連綿と続いてきたのである。

鳥獣の肉を食べてきたからには、焼肉料理もあったに違いない。事実、江戸前期の著名な料理書『料理物語』（一六四三年）には、次のような焼肉料理が記されている。

焼　　鳥：山鳥、シギ、ツグミ
串焼き：白鳥、ガン、カモ、キジ、サギ、ゴイサギ、ウズラ、ヒバリ、クイナ
丸焼き：キジ、ハト
煎り焼き：白鳥、ガン、カモ、ゴイサギ、ウズラ、シギ、鶏、鹿、ウサギ

このように鳥が主で、獣では鹿とウサギが使われている。

また、食物本草書として著名な『本朝食鑑《ほんちょうしょっかん》』（一六九七年）の猪《いのしし》の項には、「雌肉は美《うま》く、雄肉は佳くない。また股脛の皮肉を割き、醤に和して炙過《よくや》いて食べるが、これは俗に焼皮《やきかわ》という。味は絶佳である」（島田勇雄訳）とある。

こうした伝統は近年にも見られた。『日本の食生活全集38 聞き書 愛媛の食事』（『日本の食生活全集 愛媛』編集委員会編、一九八八年）から、一九二〇年代頃の愛媛県の山間地域（高縄山塊〈鈍川〉）の猪料理を要約して紹介しよう。

> 山から持ち帰った猪は、喉を切り開いて血抜きしてから、皮を全部剥がす。次は解体である。まず、もも肉を足つきのまま切り除く。次に胴を解体する。内臓をとり出し、心臓、肝臓、肺と、すべてが食用になる。料理は、解体された順に大きな網の上にのせて、肉を焼くことから始まる。炭火の熱があたるとおいしそうに焼き色がつき、いい匂いに変わる。焼けたら醤油をつけて食べる。場合によってはショウガ汁を醤油に混ぜたりもする。

山間に暮らす人々は古くから、山野の鳥獣を駆除することで畑の作物を守り、毛皮を手に入れ、貴重な動物性タンパク質を得ることを習いとしてきたのである。

図１—11　戦前期の豚肉の生姜焼き
（『家庭料理とその実際』精文舘書店、1936年）
豚肉を醤油と生姜で調味して串に刺し、直火で付け焼きにし、焼けたら串を抜いて皿に盛る。付け合せに、レンコンの甘酢漬けと京菜の和え物が添えられている。

明治以降の焼肉料理

明治に入ると牛肉食が公認される。それにともなって、それまで非公然に食されてきた牛鍋店[8]が表通りに進出する。焼肉料理も公然化し、当時の料理書のほとんどに登場するようになる。料理法はさまざまで、分類すると、日本料理系、西洋料理系、中国料理系に分けることができる。

日本料理系には、〝牛肉キジ焼き〟〝豚肉のたまり焼き〟〝豚肉の生姜焼き〟などの名が見られる。このうち〝キジ焼き〟は、江戸時代の料理書にもしばしば登場する料理で、もともとは魚の切り身や野菜を醤油などで調味して焼いたものであった。これが明治期以降になると、魚に替えて肉を使うものが現れる。

日本料理系の焼肉料理はこの例のように、在来の日本料理をもとにしたものが多く、したがって料理法もきわめて日本的で、具体的には、ミリン、醤油、味噌、砂糖、酒などで作ったタレに肉を浸けてから焼くのが基本であった。

西洋料理系には各種のステーキ類が該当し、いろいろな種類があるが多くは日本化され、直火で網焼きしたり、味噌や醤油で味付けしたりするものが多い。

中国料理系にはジンギスカンがある。この料理はその名称からモンゴル料理と勘違いされることが多いが、実際には中国の烤羊肉《カオヤンロウ》という羊の焼肉料理を、日本風にアレンジしたものだった。

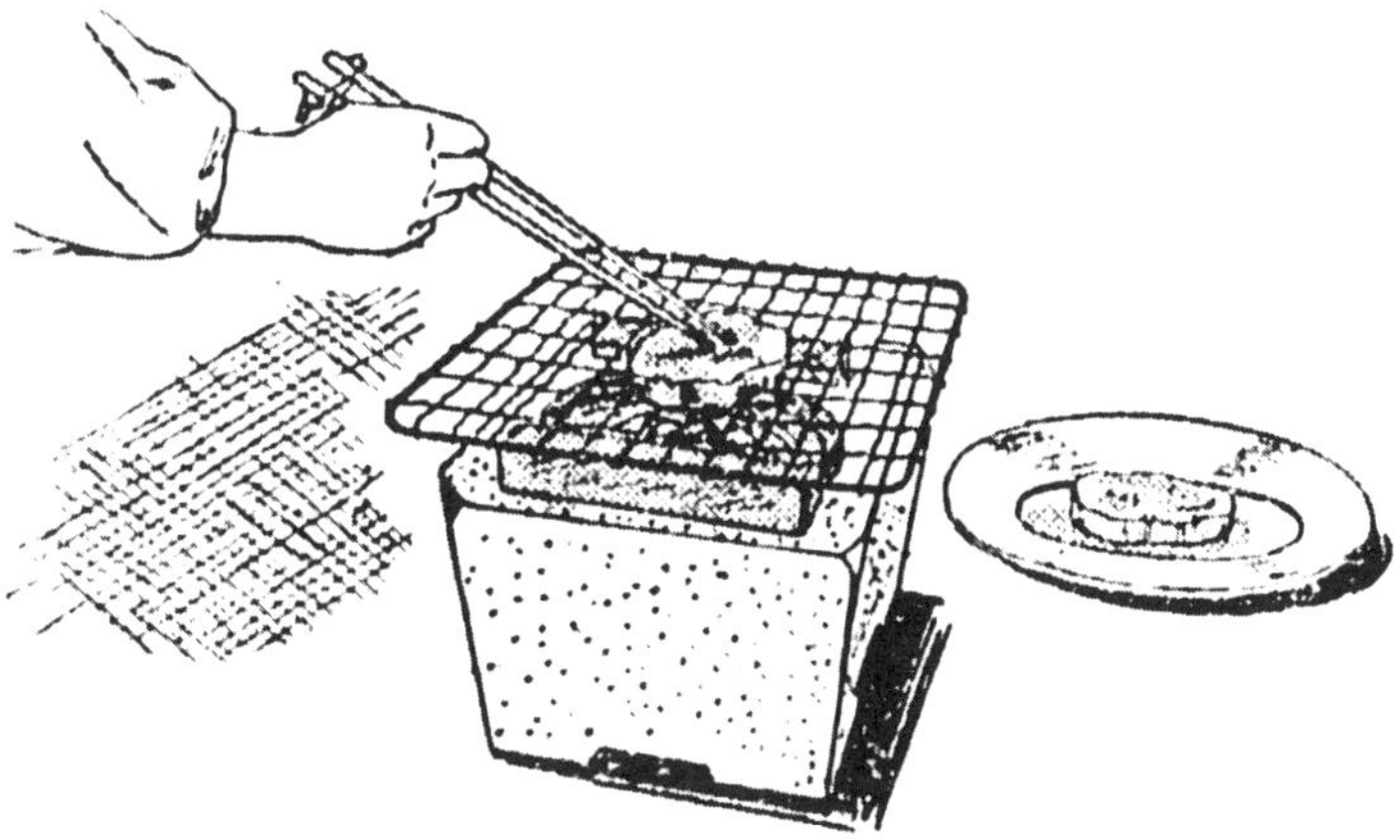

網焼きのビーフステーキ（『主婦乃友花嫁講座　洋食と支那料理』1939年）
ビーフステーキは鉄板の上で焼くものと思われがちだが、当時の日本の家庭ではこの絵のように、魚や餅を焼くようなスタイルで焼いた。

ジンギスカン（『栄養料理の作り方』1942年）
ジンギスカンはもともと中国起源の屋外料理（焚き火で焼く料理）だったが、日本では七輪で焼くお座敷料理にアレンジされて普及した。

図１－12　日本の焼肉料理は直火焼きだった

このように、日本的にアレンジされたさまざまな焼肉料理が存在し、焼き方も、図1－12に示すように、ほとんどが直火焼きであった。にもかかわらず、「はじめに」で紹介した焼肉史の通説では、「日本では肉を直火で焼く料理が知られていなかった」とあった。それはなぜだろう。

日本の焼肉料理はもともと直火焼きであったし、その他の焼き物料理（魚介、野菜、豆腐など）も同様であった。それが一九六〇年頃から、直火焼から鉄板焼式（フライパン式）に変化する。それは台所用具の進歩にともない、副食用の加熱調理器具が炭火の七輪からガスレンジに変わったことによる。こうして家庭の焼き物料理が、魚を除いて[9]鉄板焼式（フライパン式）に変化するのである。

「日本には肉の直火焼きがなかった」とする説が出現するのは、台所用具の変革が一段落した一九七〇年代から八〇年代にかけてのことであった。つまり、時代の進歩によって現れた鉄板焼式（フライパン式）を見て、昔からの方法と勘違いしてしまったのである。なんともお粗末な話ではなかろうか。

（2）ジンギスカンの流行

戦前の焼肉料理のうちで、もっとも流行したのがジンギスカンであった。この料理は後述するように、焼肉の誕生にもかかわることになる。そこでこれがどのようにして生まれ、普及していったのかを少しくわしく見ていくことにしよう。

〝ジンギスカン〟の名のいわれ

〝ジンギスカン〟の名のいわれが、昭和六（一九三一）年五月号のグルメ雑誌『食道楽』（中野江漢「成吉思汗料理の話」）に載っている。要約して紹介しよう。

図１－13　北京・「正陽楼」の烤羊肉（画　正宗得三郎）
（里見弴『満支一見』かまくら春秋社、1983年）
『現代食糧大観』の紹介文（次ページ）とそっくりな光景だ。絵の右には「北京・正陽楼 ジンギスカン料理」とある。

この料理（烤羊肉《カオヤンロウ》）は今から二十年前（一九一一年に相当…引用者注）に、北京在住の井上一葉という料理通が「正陽楼」という料理店で発見した。そして、時事新報の北京特派員をしていた鷲澤與四二（後の衆議院議員…同）を誘って賞味した折に、この原始料理にふさわしい奇抜な名をつけようということになり、〝三千歳〟と名をつけた。

それからほどなくして鷲澤が、来遊した人々を招いて〝三千歳〟に舌鼓を打っていると、ある人が「成吉思汗《ジンギスカン》が陣中これを好んで食べた」という話をした。そこで鷲澤が〝成吉思汗料理〟と名づけようと提議したところ、皆がそれに賛同した。

〝ジンギスカン（成吉思汗料理）〟はこのように、中国料理の烤羊肉《カオヤンロウ》に北京在住の日本人（鷲澤與四二）が、モンゴル帝国を建国した皇帝の名を勝手に借用してつけた名であった。

その料理の食べ方が、昭和四（一九二九）年刊の『現代食糧大観』（糧友会編）に載っている。現代文に直して紹介しよう。

「これを食するのは庭前で、時期は冬。寒天に高く星がまたたき、雪もチラチラと降る。その晩に、机上に備えた鍋に半焼きの木炭を燻らすと、煙と火の粉が盛んに立ちのぼる。六尺の腰掛けに片方の足をかけ、薄く切った羊肉を箸に突き刺し、特別のタレをつけながら煙にあてて立食する。空を仰ぎ、談論しながら馬上杯を盛んに傾け中国特有の焼酎をあおる」

この情景から、成吉思汗料理と名付けた人の気持ちが理解できるようにも思われる。

料理の起源地

北京の烤羊肉《カオヤンロウ》はもともと、イスラム教徒や満州（中国・東北地方）の料理に起源を求められる。イスラム教徒のこの料理はさらに、中国西方のウイグル族に求められ、彼らは現在も烤羊肉を作って食べる。そして中国・東北地方でも、烤羊肉は名物料理である。

北京の烤羊肉はつまり、漢族の周縁に暮らすオアシス農耕民であったウイグル族や、狩猟農耕民であった満州族の料理が、中国料理に取り入れられたものだった。ところが日本ではジンギスカンという名のために、モンゴル料理と勘違いされることが多い。

モンゴルでは羊肉を水で煮るのが普通で、焼くことはほとんどない。北アジア研究の第一人者・加藤九祚によると、羊肉は煮るのが主体で、焼く場合は穴を掘って焚き火を燃やしそのオキで焼いたり、毛皮つきのまま体内に焼き石を詰めて焼いたりするが、それは遊牧以前の狩猟民時代に伝えられたものであって、モンゴル人は一般に焼いた肉を健康に有害であると考えている（「『モンゴル研究』によせて」『梅棹忠夫著作集 第二巻 モンゴル研究』一九九〇年）という。

このようにモンゴルには、ジンギスカンのような焼肉料理は存在しないし、成吉思汗が陣中で食べたというのも、単なる思いつきによる作り話に過ぎない。

ジンギスカンの普及

そのジンギスカンが日本に流入し、定着・普及していくが、そのあらましを北海道と東京に分けて見ていこう。

①　北海道の場合

日本での羊の飼育は、軍需品である羊毛を自給するために、明治八（一八七五）年に下総御料牧場で開始され（澤村眞『食物辞典』一九二八年）、その翌年に北海道・札幌牧羊場で本格化する。こうして北海道は羊飼育の先進地域となり、大正七（一九一八）年頃から札幌・月寒《つきさむ》羊が丘の種羊場で羊肉料理が作られるようになる。だが羊肉を食べるのは牧場の中ぐらいのもので、道内での消費はほとんど進まなかった。（朝日新聞北海道支社編『北のパイオニアたち』一九六八年）

一方、政府は動物性タンパク質の資源確保に熱心で、羊毛を得る目的で飼育した羊を活用するために、羊肉食の普及活動を推進した。北海道庁もこの活動に参与し、昭和十一（一九三六）年に札幌市狸小路六丁目のおでんと焼鳥の店「横綱」で、ジンギスカンの試食会を三日間にわたって開催する。しかし、無料の試食券を配ったにもかかわらず客はさっぱり来なかった。（前掲書）

「横綱」は、乗り掛かった船ということでジンギスカンの営業を続けたが、ジンギスカンが北海道の名物になるのはずっと遅く、戦後になってからのことであった。

②　東京の場合

政府による羊肉料理の普及活動は、やはり東京が早く、しかも数多く行われた。

羊肉の試食会は大正九（一九二〇）年三月に、農林次官が各局の部課長や新聞記者などを集め、農商務省会議室で開かれた（全国食肉事業協同組合連合会『日本食肉小売業発達史』一九七一年）。これ以降、羊肉の普及を図るべく活動が継続されたが、もっとも華々しく展開されたのが、昭和四（一九二九）年三月二十三日から四月三十日にわたって開催された「食糧展覧会」[10]（糧友会主催）であった。

この展覧会は国を挙げてのもので、上野公園を会場として三十六日間にわたって開かれ、七万三千人もの入場者があった。あらゆる食糧がテーマになったが、羊肉の普及には特に熱心で、会期中に羊肉調理法の実演が三十三回行われ、十二種類もの羊肉料理が紹介された。そのなかでもジンギスカンがメインで、これが一般の人々にこの料理が紹介された最初とみられる。

政府の肝いりにより、ジンギスカンは人々に知られていく。その一方で、民間でもジンギスカンは注目され、三〇

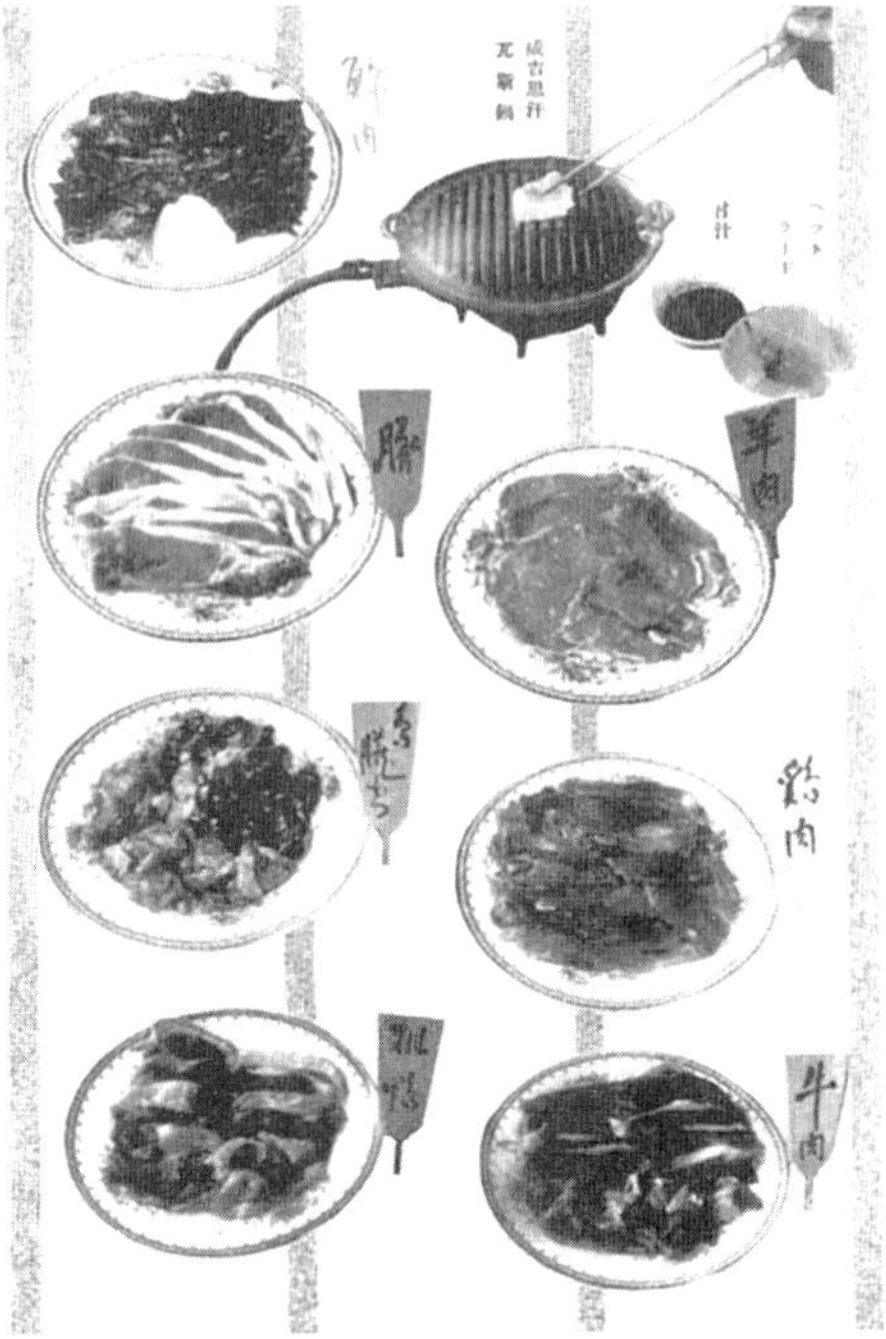

図１—14　料理雑誌に掲載のジンギスカン
（『料理の友』昭和12（1937）年2月号）
凸型の格子状に作った鍋をテーブルに置き、鯨、羊、鶏、牛などの肉（あらかじめタレに浸けておく）を焼きながら食べる。

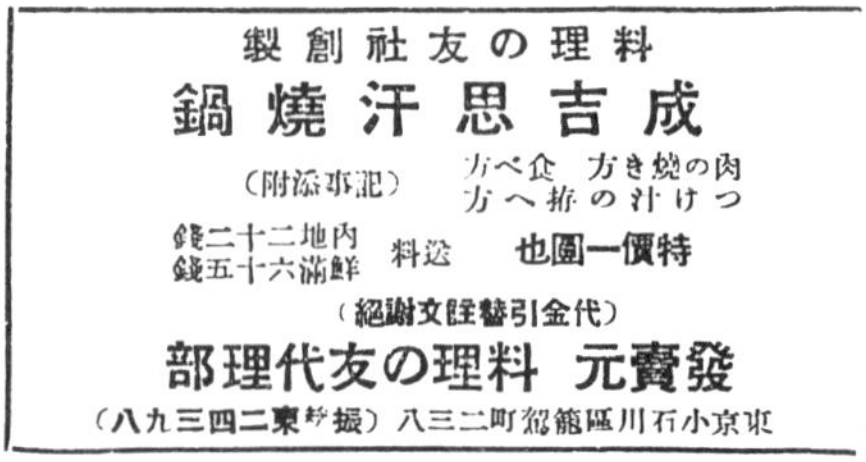

図１—15　ジンギスカン鍋の広告
（『料理の友』昭和12（1937）年２月号）
料理の友社が開発。送料が「内地22銭　鮮満65銭」とあるように、朝鮮や満州でも購入できた。熱源は、ガス、電気、炭のいずれでも可。

年代前半には東京に専門店がいくつか誕生している。(11) 家庭にも入り、料理雑誌『料理の友』(昭和十二(一九三七)年二月号)の「成吉思汗鍋料理」(吉田誠一)には、「この珍しい料理が五〜六年前(一九三一〜三二年…引用者注)までは食通の人々に賞味されていたのですが、昨今では家庭ですき焼き代わりに座敷で賞味されるようになりました」(現代文に直して引用)とある。家庭用のジンギスカン鍋も開発され、図1-15のように通信販売された。

ジンギスカンはこのように、一九二九年の食料展覧会を契機にして一般に知られるようになり、三〇年代前半頃から流行が始まるのである。

ジンギスカンの伝来元

ジンギスカンが普及する頃の記録には、決まったように北京の料理店「正陽楼」の話が登場する。ここからこの料理が、北京から伝来したことはあきらかだろう。ところが近年になると、満州国(一九三二〜四五年)の初代総務長官・駒井徳三がジンギスカンの命名者であるとする説が、あちこちに登場するようになる。

その最も古い記録が、日吉良一の「成吉思汗料理事始」(『北海道農家の友』昭和三十六(一九六一)年十二月号)とみられる。それによると、駒井徳三が部下の松島侃などに成吉思汗の覇業について述べているときに、「成吉思汗は源義経なりともいう。諸子よこれからは、われわれ日本人は羊肉料理を〝成吉思汗料理〟と呼ぼうじゃないか」と提案し、部下らに宣伝させたのが、その名の始まりという。

しかしこの話は、どこかで聞いたような気がする。それもそのはずで、先の鷲澤與四二の逸話と異曲同工だからだ。つまりどちらも、ある日本人が烤羊肉とモンゴル帝国を建国した成吉思汗を結びつけて、その料理を〝ジンギスカン(成吉思汗料理)〟と呼ぼうと提案したことになっている。しかも鷲澤與四二の逸話が一九三一年に発表されたのに対し、駒井徳三のそれは一九六一年と、三十年も遅い。これらから駒井徳三命名説は、鷲澤與四二の逸話を焼き直したものと考えることができる[12]。

ジンギスカンの駒井徳三命名説は事実ではないだろう。だがその一方で、満州の烤羊肉が日本に伝来したというのは事実とみられる。それは、生肉を焼いて味を付けて食べる中国・東北地方の料理法が、日本の料理書に見られるからだ。つまり烤羊肉が北京から流入した後に、満州からも流入したと考えられ、おそらくそれが背景となって、駒井徳三命名説が出現したと推定される。

では、北京と満州の料理法には、どんな違いがあるのだろう。その概要を、以下に簡単に紹介しておこう。

北京の拷羊肉：もともとは冬に食べる料理で、冷凍した生肉を薄く切り、焼いてから味付けて食べるものだった。それが一九二〇年頃から、タレで肉に味を付けながら焼くようになった。そして三〇年代後半頃から、肉をタレに浸けてから焼いて、さらに調味して食べる方法に変わる。つまり、①肉を焼いてタレをつける→②肉を付け焼きにする→③下味をつけた肉を焼いてさらに味をつける、というように変遷する。

満州の拷羊肉：生肉のまま焼き、焼いてからタレをつけて食べる。タレは、ニンニクをきかせて濃厚に作る。このように、生肉を焼くという古いスタイルが継承されている。

ジンギスカンの料理法

ジンギスカンが日本に伝来すると、料理法は大きく変化する。その初期のものが『現代食糧大観』（一九二九年）の「成吉思汗料理　調理法」（七一二ページ）に見える。

それによると、醤油、酒、砂糖、七味唐辛子を合わせた中に肉を三十分浸してから焼き、さらにつけ汁をつけながら焼いている。つまり付け焼き式で、したがって前述の北京系の②のタイプということになる。しかし調味は完全に和風化し、焼き方も日本の家庭向けにアレンジされて、七輪と金網が使われる。

満州系のものは、料理書『栄養料理の作り方』（栄養と料理の会編、一九四二年版）に見られるので引用しておこう。

「肉は二口か三口で食べられる位《くらい》の大きさに切る。そして包丁の先で面《おもて》とまはりに数ヶ所切目《きりめ》を入れてから、強い炭火で網焼きしながら、醤油、酒、酢を同量づつ混ぜ、それに葱と生姜《しやうが》の微塵切《みじんぎり》を混ぜた汁につけて食べる」

使う肉は、羊肉、牛肉、豚肉のいずれでもよく、調味も日本式、焼き方も七輪による網焼き式である（図1−12、三一ページ）。

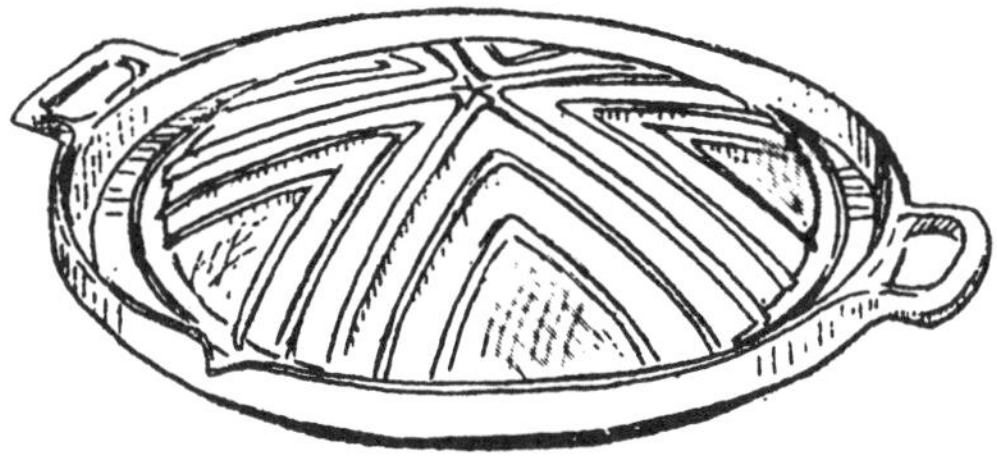

図1−16　戦後のジンギスカン鍋
（本山荻舟『飲食事典』平凡社、1958年）
脂が火に落ちて燃えないように開口部をなくし、表面に溝をつけて脂が流れ落ちるようにできている。家庭用として、デパートなどで売られた。

以上のように、北京系であれ満州系であれ、みごとに和風化されている。そして豪快な屋外料理ではなく、お座敷で食べる鍋料理のスタイルに変わっている。ここからジンギスカンは、烤羊肉をヒントに作られた日本料理ということができるだろう。

ジンギスカンの料理法の変化

ジンギスカンの料理法は時の流れとともに変化していく。その様子を『焼肉の文化史』から要約して紹介しよう。

①　焼いた肉の味付け

味付け肉であれ生肉であれ、焼いた後に味付けして食べるのが基本。味付けは、初期にはあっさりしたつけ汁が多かったが、戦後には濃厚なタレになる。

② **野菜焼き**

野菜焼きは、初期の頃はあまりポピュラーではなかったが、戦後になると必須化され、野菜の種類も大幅に増加する。

③ **焼き方**

もともとは直火焼きであったが、鉄板（溝付きのジンギスカン鍋）で焼くことが多くなる。この変化も戦後すぐからと思われる。

ジンギスカンと焼肉

ジンギスカンはすき焼きのように、鍋を囲んで歓談しながら食べるお座敷料理で、そのスタイルは今日の焼肉と同一だ。しかもこの料理は、焼肉が誕生する以前から流行していたのだから驚かずにはいられない。焼肉のプロトタイプともいえるこの料理は、焼肉の誕生と関係するのだが、それについては後述したい。

3　焼肉の誕生

（1）カルビチプ（カルビ屋）の出現

ソウルのカルビ屋

日本でジンギスカンが流行していた頃、京城《けいじょう》（現在のソウル、以降ソウルという）に新しいスタイルの飲食店が出現する。その様子を、『韓国の風俗―いまは昔』（趙豊衍著、統一日報・尹大辰訳、一九九五年）から要約して紹介しよう。

かつての肉屋では、カルビは牛一頭の片割れでしか売っていなかったため、量が多すぎて、特別の祭事がある場合以外には手に入れることができなかった。ところが、一九三九年にできた楽園洞（ソウル・鐘路区）の平壌冷麺店が、冷麺と一緒にカルビ焼きを売り出したところ、徐々に評判が広がり、料理屋やカフェ、バーなどが閉店する真夜中には、いつも客で立て込むほど繁盛した。

この店は、他の二軒の冷麺屋と区別するために〝カルビチプ（カルビ屋）〟と呼ばれたが、ソウルではその後、地方の地名を頭につけた〝○○カルビチプ〟という店があちこちにできた。

カルビの切り売りは、地方からソウルに入ってきた風俗だった。

全羅南道のソンジョンリ（地名…引用者注）には、酒場が何軒も軒を並べていた。ここでカリクイ（カルビ焼き）を注文すると、まず七輪を持ってきて、次にチャベギ（タライに似た陶器）にあらかじめ重さを計ったカリ（カルビのこと）を山盛りにして持ってくる。一皿当たりの量はやや少なめだったが、それでも一皿五銭という値段はとても安い。酒客の横では、酌婦がカリをひっきりなしに焼いて皿にとってくれる。食べるだけ食べた後、支払いの計算はどうやってするのかというと、カリの皿数で払う。

地方の酒場で誕生したカルビ焼きの店がソウルに伝わってカルビチプ（カルビ屋）が生まれ、同類の店が増えていったというのだ。焼き方は、前述した家庭の焼肉料理と同様に、食べる人の近くに七輪を持ってきて介添えの人が焼く。

〝カルビ〟という呼称の始まり

『韓国の風俗―いまは昔』によると、カルビ（あばら肉）はもともと〝カリ〟と呼ばれていたが、先のソウルの店が〝カルビ〟と命名したことで、この名が広がったという。

だが、朝鮮王朝の宮廷料理の記録（金尚寶『朝鮮王朝宮中儀軌飲食文化』一九九六年）を調べてみると、あばら肉を意味する〝乫伊〟（おそらく「カリ」と読む）と〝乫飛〟（おそらく「カルビ」と読む）が見つかった。

ここから、カリとカルビはどちらも古くからあった言葉であることがわかる。そして今日ではカリがほとんど使われなくなっていることを考えると、もともとはカリのほうが広く使われていたが、ソンジョンリにカルビ焼きの店（以降、**カルビ酒屋**という）が誕生し、さらにソウルにカルビチプ（カルビ屋）ができて以降から、カルビの使用が盛んになったとみることができる。つまり、カルビ酒屋が誕生したことによって、カルビの名が広く使われるようになったことになる。

（2）プルコギ屋の出現

〝プルコギ〟という言葉の起源

ソンジョンリにカルビ酒屋が出現したころにプルコギ屋も誕生する。そのいきさつについて考察する前に、〝プルコギ〟という言葉について考えてみよう。

日本には、韓国語の〝불고기《プルコギ》〟を日本語に翻訳したものが〝焼肉〟だ、とする説がある。槇浩史の『韓国名菜ものがたり』（一九八七年）から紹介しよう。

「漢字で綴った『焼肉』の名称が発生したのは、戦後の日本からである。それは、日本で商売を始めた韓国料理屋が、本国の伝統料理である牛肉や内臓を直火で焼いて客に売っていた時の、『プルコギ』の名称、つまり火（불《プル》）で焼（구이《クイ》）いた肉（고기《コギ》）を日本語に直訳した造語ということになっている」

これによると、焼肉という言葉は戦後の生まれで、韓国語のプルコギを翻訳して造語したものという。しかしこれはあまりに無茶な考えだ。というのは焼肉という日本語は、幕末に欧米文化と接触したことによって一般化した言葉で、その用例は辞書にも収録されている。[13] したがって、焼肉がプルコギの翻訳語というのは絶対にありえない。

一方のプルコギは、古くからあるようなイメージがあるが、韓国の定説では解放（植民地支配からの解放…一九四五年）以降に生まれたものとされてきた。つまりプルコギという言葉は、焼肉よりも新しいのだ。

しかし、この誕生時期については疑問を感じざるをえない。というのは一九五〇年に刊行された辞書や料理書に、〝プルコギ〟が載っているからだ。

五〇年刊行の辞書などに載るということは、その頃にその言葉がある程度普及していた証拠になる。したがってその誕生は、一九五〇年よりも少なくとも五年か十年ほど前（解放以前）と想定できるだろう。そして実際に筆者は、一九四〇年の新聞広告（後出の図1－22）に〝プルコギ（불고기）〟の文字があるのを発見した（『焼肉の文化史』）。これは韓国人にとっても新鮮に映ったようで、食文化研究の先端を歩む李孝枝《イヒョジ》教授の『한국음식의 맛과 멋（韓国料理の味と趣）』（二〇〇五年）に早々に引用された。光栄なことである。

ところがである。この本の原稿をまとめるために、『食道楽』という戦前のグルメ雑誌を手当たりしだいにチェックしていたところ、さらに古い記録が見つかって驚いた。昭和七（一九三二）年八月号の、伊賀上茂「にんにく・まんだん」という記事から紹介しよう。

「馬山（朝鮮・慶尚南道にある港湾都市…引用者注）で始めて御馳走になつたのは、プルケギと言ふ肉のつけ焼であつた」

プルケギとあるのは聞こえたままに記したのだろうが、「肉のつけ焼」とあるからにはプルコギであることに間違いはないだろう。この発見により、プルコギという言葉の誕生は、一九三二年までさかのぼることになる。

〝プルコギ〟の意味

では、プルコギとはどんな意味の言葉なのだろう。

今日の韓国では、次の三つの意味で使われている。使用頻度の多い順に示そう。

① 牛肉に野菜などを加えて煮たり焼いたりする鍋料理（図3－9、10、一四一ページ）。

② 肉を焼く料理一般（この本でいう焼肉料理と近似）。

③ 精肉を薄く切って醤油などで下味をつけて焼く料理（ノビアニタイプの焼肉料理、図1－17）。

①はすき焼き風の鍋料理で、この料理は最近になって日本でも知られるようになった。②は、肉を焼いて作る料理全般を意味する。そして③は、皿に盛って出すタイプと、焼きながら食べるタイプがあり、そのうち焼きながら食べるタイプがこの本でいう焼肉に相当する。

しかし一般には、①と②の意味で使われる場合がほとんどだ。そのため韓国で「プルコギを食べたい」と言えば、①の料理（鍋料理）を紹介され、焼肉を食べることができなくなる。したがって今日では、プルコギを焼肉と解釈するのは不適切といえる。

〝プルコギ〟という言葉と〝プルコギ屋〟の誕生

だが、プルコギの初期の意味は、今日とはかなり異なっていた。

一九五〇年刊のハングル大辞典『큰사전』を見ると、〝불고기《クンサジョン》（プルコギ）〟の項に「炭火の横で直接焼きながら食べる獣の肉」とある。炭火の横で焼きながら食べるのであるから、まさに焼肉の意味になる。

同じ一九五〇年刊の料理教科書『조선요리대략（朝鮮料理大略）』（黄慧性）を見ると、「ノビアニ（普通に焼くプルコギ）」とある。これを普通の文に直すと、「ノビアニとは普通に焼くプルコギのこと」になり、ここから「普通に焼く」ものがノビアニで、プルコギは「従来とは異なる焼き方をするもの」ということになる。そして「普通に焼く」とは台所で焼くことを指し、「従来とは異なる焼き方」とは焼きたてを食べる新しいスタイル（介添えの人が焼いて皿に盛って食べるのを勧めるスタイル）を意味すると考えられる。

図1－17　ノビアニ

（韓福麗『宮中飲食とソウル飲食』テーウォン社、1995年）

“雪夜覓《ソリャミョク》”（17ページ）の系統を引く焼肉料理。薄く切った牛のロースやヒレ肉を、タレに浸けてから炭火で焼く。

以上によりプルコギは、「肉を焼きながら食べる料理」が誕生したことによって生まれた言葉、ということになる。

この考えは、馬山《マサン》(14)のプルコギの記録からも補足される。

具体的には先の引用文に、「始めて御馳走になったのは、プルケギと言ふ肉のつけ焼であった」とあったが、料理名が一品しか登場しないことからすると、これは肉をもっぱらに食べる料理であったことが想像される。そして後段の原文に、「然もプルケギに至つては、内地のスキヤキを超えること数等で、私の舌に深い馴染の関係を絶ち難いものであつた」とあることからすると、プルコギとは、すき焼きと類似する形式を備えたもので、焼きたてを食べるものであったことが類推される。そしてカルビ焼きと同様のスタイルのこの料理に、プルコギという名が冠せられたのである。

さらに、プルコギを看板にしたこの店も、プルコギチプ（プルコギ屋）と呼ばれたと想像される。そこで今後はこの系統の店を、**プルコギ屋**と称することにしたい。

（3）カルビ酒屋とプルコギ屋が誕生した場所と時期

カルビ酒屋とプルコギ屋が誕生した背景

カルビ酒屋が全羅南道のソンジョンリで誕生し、プルコギ屋が慶尚南道の馬山で人気になっていたことを紹介した。だがなぜ繁華なソウルではなく、南部の小都市で誕生・流行したのだろう。それを考えるために、ソンジョンリと馬山がどんな町だったのかについて見ておこう。

ソンジョンリは松汀里（現在の光州《クァンジュ》広域市光山《クァンサン》区松汀《ソンジョン》）のこととみられる。この街は、大田《テジョン》と木浦《モッポ》を結ぶ幹線鉄道・湖南本線が一九一三年に開通し、松汀里駅が設置されたことで誕生する。そして一九二二年に全南線（松汀里—潭陽間）が開通し、光州《クァンジュ》などに行くための分岐駅となったことでさらに発展した。一九三〇年頃の人口は約四千人、そのうち日本人が約一千人（北垣恭二郎『地理文庫　日本の誇　朝鮮・関東州』一九三二年）と、約二十五パーセントを占めていた。

一方の馬山は、半島の南海岸に位置する古くからの港町で、植民地時代には貿易港として発展し、神戸や大阪と結ぶ定期航路（大阪馬山線、一九三七年に廃止）もあった。総人口は昭和四（一九二九）年で二万五千人、そのうち日本人が五千六百人と二十パーセントを超えていた。旧市街は古くからの商業地で朝鮮人が多く、新市街には日本人の商店街や官庁、軍隊、学校などがあった（『日本地理風俗体系　朝鮮（下）』一九三〇年、ほか）。

松汀里駅（戦前の絵葉書より）

松汀里駅は、乗降客が全朝鮮の多い方から22番目（『鉄道便覧』朝鮮総督府鉄道局編、1930年）と、比較的に多かった。

松汀里の市街（戦前の絵葉書より）

日本式家屋が連なっている。右手前がカフェーで、壁に日本式旅館の広告（京屋旅館）が見える。

図１－18　松汀里《ソンジョンリ》の風景

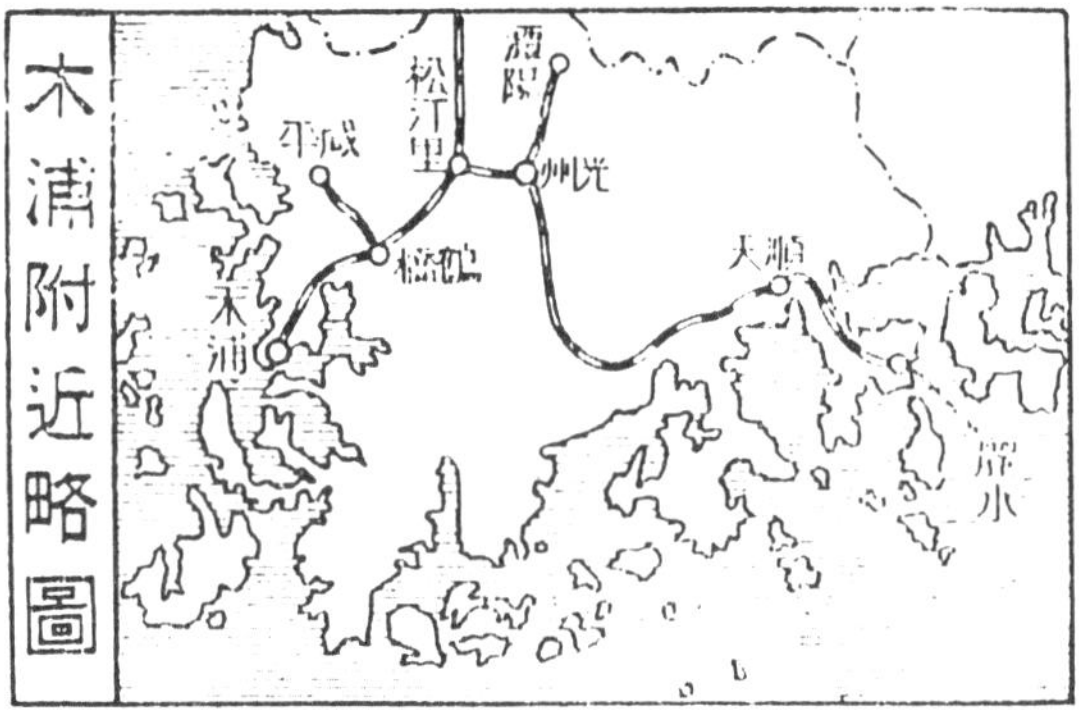

図１－19　松汀里の位置
（『地理文庫　日本の誇　朝鮮・関東州』1932年）

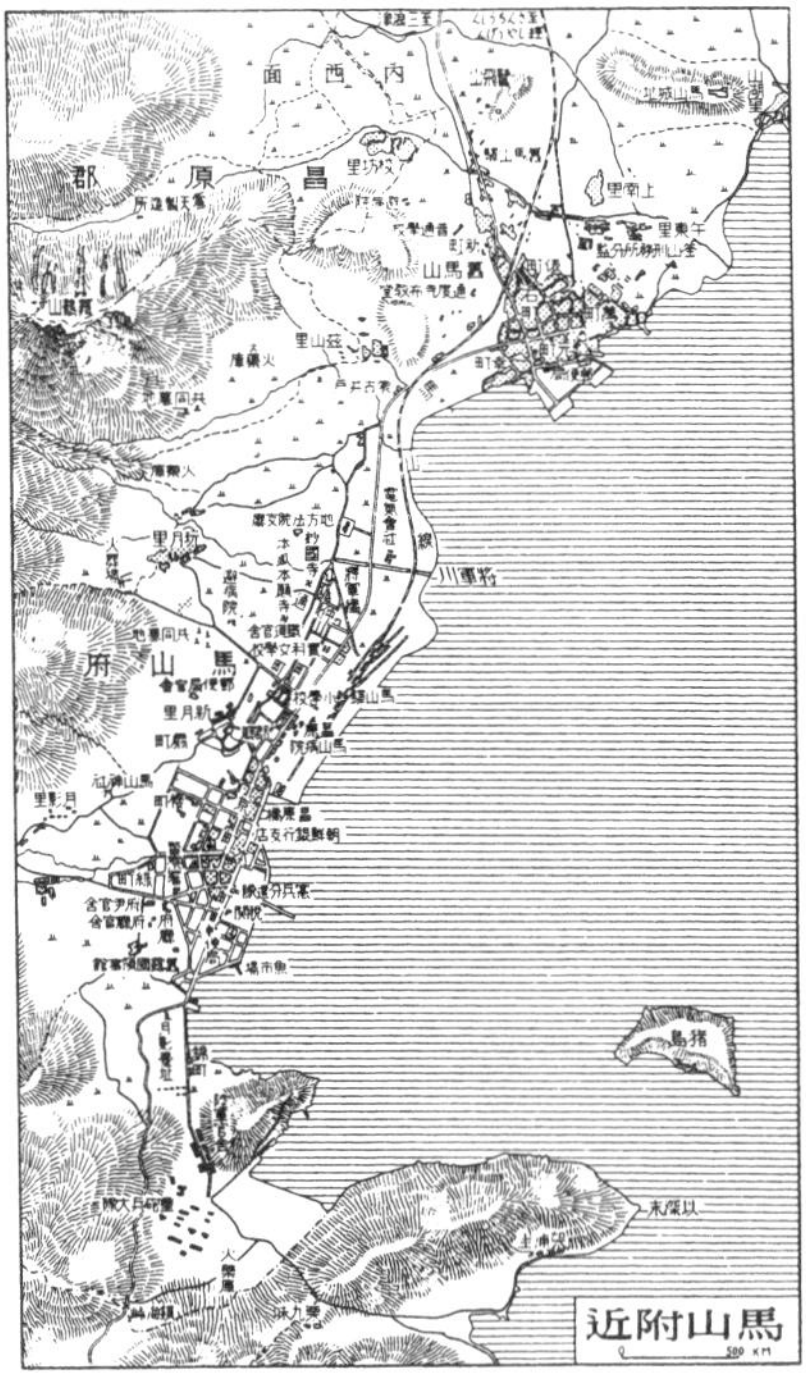

馬山の地図
（『日本地理風俗体系　朝鮮（下）』1930年）
北（右上）の市街地が旧馬山、南（左下）が新馬山。新馬山は日本人の進出によって誕生した。

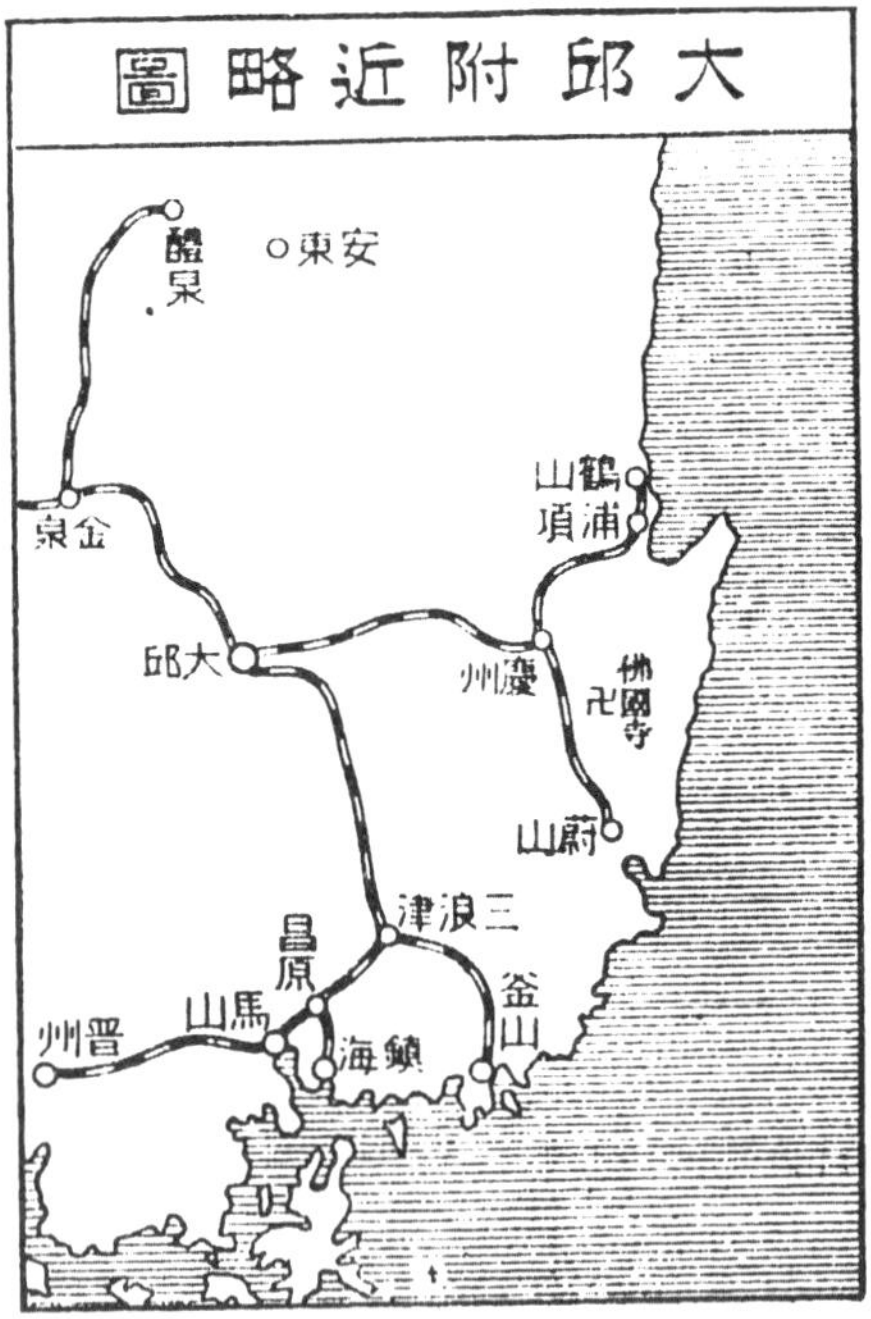

馬山の位置
（『地理文庫　日本の誇　朝鮮・関東州』）
地図は、朝鮮半島の南西部を示す。

図１－20　馬山《マサン》の位置

図１－21　馬山《マサン》の市街（旧馬山・元山通り）（戦前の絵葉書より）
旧馬山は朝鮮人の多い地区だが、メインストリート（元山通り）には日本式家屋がずらりと並ぶ。中央に着物姿の日本人が闊歩する姿が見える。

このように、松汀里は植民地時代になってから発展した新興市街地で、馬山は日本本土との交流が密になったことで発展した港町であった。つまりどちらも朝鮮が植民地化されたことによって大きく変化した地域であり、小金を持った日本人や朝鮮人が闊歩する町であった。これが、新しい形式の贅沢料理であるカルビ焼きやプルコギを生み出し流行させる原動力になったとみられる。

カルビ酒屋とプルコギ屋の誕生時期

それでは、カルビ酒屋はいつ頃誕生したのだろう。

カルビ酒屋は一九三九年にソウルに伝わったが、後述するように大阪ではそれより早く、三〇年代中頃に伝来した。また、松汀里に日本人が増加し、街が大きくなるのは二〇年代以降のこととみられる。このことからこの店の誕生は、一九二〇年代から三〇年代にかけてのことと推定される。

さらに世界の中の動きに目を留めると、一九二九年から三二年にかけて世界恐慌が吹き荒れ、朝鮮もその荒波の真っ只中にあった。その時期に、贅沢料理であるカルビ焼きが誕生したとは考えにくい。したがってこの店の誕生は、世界恐慌前の一九二〇年代とみることができる。

では、プルコギ屋の誕生はいつだろう。

馬山《マサン》のプルコギ屋は一九三二年の記録に現れることから、この店もまた、世界恐慌前の一九二〇年代に誕生したとみることができる。

以上のようにカルビ酒屋とプルコギ屋は、朝鮮の植民地経済がある程度発展した一九二〇年代に、日本人の進出が盛んであった朝鮮南部の地方都市で誕生したと考えられるのである。

日本にも紹介された〝朝鮮式焼肉〟

朝鮮南部は日本人の移住者が多く、カルビ酒屋やプルコギ屋も彼らに大いに利用され、日本からの来訪者が訪れることも多かったようだ。そのため、それら料理を日本で食べたいとする記録が早々に現れる。グルメ雑誌『食道楽』の、吉村巌「摩訶衍《まかえん》に泊る」(昭和五(一九三〇)年九月号)から引用しよう。

「ジンギスカン、ベーキ(肉の蒸し焼きであろうか?…引用者注)が銀座でうれるんだから、誰か朝鮮式焼肉の野趣のある所でも東京で食べさせてくれると良い」

〝朝鮮式焼肉〟とあるのが、朝鮮南部で流行していたプルコギやカルビ焼きのことだろう[15]。この文から、朝鮮南部で流行したこれら料理が日本の食通にも知られ、日本に進出することが期待されたことがわかる。

表1　日本に居住の朝鮮人人口

年度	日本居住人口	増加数（3年間）
1916	5,638人	
1919	28,272	22,634人
1922	59,865	31,593
1925	133,710	73,845
1928	248,328	114,618
1931	318,212	69,884
1934	537,576	219,364
1937	735,689	198,113
1940	1,190,444	454,755

・内務省警保局調査より（八巻貞枝「戦前の神戸市における朝鮮人生活実態調査について」〔『朝鮮一九三〇年代研究』1982年〕の表を改変して引用）
・移住に大きな比重を占めた強制連行は1939年から、徴用は1944年から始まった。そのため敗戦の前年（1944年）には、朝鮮人の居住人口が約190万人にもなった。

（4）焼肉の誕生と伝播

プルコギとカルビ焼きの日本伝来

〝朝鮮式焼肉〟に対する期待があったためかはわからないが、ソウルにカルビチプが誕生するより早く、大阪にカルビチプと称する店が出現する。一九三八年刊の『大阪と半島人』（高権三）の、大阪・猪飼野《いかいの》(16)について述べた部分から引用しよう。

「またカルビチプ（焼肉屋）センマイ屋等が到る処にあつて、これらの所へ行つてその一日の疲労を忘れて行くもの（朝鮮人…引用者注）も少なくないさうである。殊に晦日の勘定日には賑やかなものである」

ここに登場する〝カルビチプ（焼肉屋）〟と〝センマイ屋〟とは、どんな店だったのだろう。センマイは牛の第三胃のことだから、センマイ屋とはおそらく、内臓料理を出す飲み屋のことと思われる。カルビチプは、括弧で〝焼肉屋〟とあることから、カルビ焼きやプルコギを出す店と解釈できる。

しかしなぜ、ソウルより早くカルビチプができたのだろう。しかも「至る処」に店があったとある。その原因を考えるために、朝鮮人の日本への移動状況についていかいま見てみよう。

図１－22　猪飼野の朝鮮市場（1930年代）（『大阪と半島人』）
鶴橋駅（城東線〔現在の大阪環状線〕及び近鉄線）から歩いて15分ほどのところにあった。人の込み具合や店の立ち並ぶ姿からして、一等の朝鮮市場であったことがわかる。

図１－23　朝鮮各道配置図
網かけ部分が朝鮮南部（慶尚南・北道、全羅南・北道、済州道）に相当し、この地域の人々が日本への移住者の大部分を占めた。

表２　慶尚南道と全羅南道出身者の居住地（1974年）

慶尚南道出身者				全羅南道出身者			
順　位	居住地	人　口	総数に対する比率	順　位	居住地	人　口	総数に対する比率
1	大阪府（大阪市を除く）	25,636人	10.4%	1	大阪市	16,417人	10.3%
2	大阪市	24,175	9.8	2	大阪府（大阪市を除く）	14,202	8.9
3	兵庫県（神戸市を除く）	22,314	9.0	3	京都市	11,134	7.0
4	京都市	17,709	7.2	4	東京特別区	11,009	6.9
5	東京特別区	15,529	6.3	5	兵庫（神戸市を除く）	10,097	6.4
6	名古屋市	13,889	5.6	6	愛知（名古屋市を除く）	9,708	6.1
総　数		246,638	100	総　数		158,683	100

・1974年の総務省統計に基づき作表した。
・「総数に対する比率」は引用者が算出。
・「順位」の７以下は省略し、「総数」には７以下を含めた。

日本に居住の朝鮮人人口とその増加数を、表１に示す。この表から朝鮮人の居住人口が、一九一〇年代後半から急激に増加していったことがわかる。移住の理由は、朝鮮の植民地化によって生活基盤を失ったことによるものが多かったが、よりよい働き口を求めたり、勉学を志したものもあった。

日本に渡ったのは、主に朝鮮南部（慶尚南・北道、全羅南・北道、済州道）の人々であった。戦後の資料になるが、一九七四年四月の在日韓国・朝鮮人の本籍地統計（法務省）によると、その割合は九十パーセントを超える。

さらに、朝鮮と日本を往来し一時的に日本に滞在した朝鮮人（出稼ぎ者や移住断念者など）の数は、表１の増加人口の何倍にもなると予想されるが、彼らもまた地理的に近い南部の出身者がほとんどであった。

朝鮮南部と日本には、このような濃密な関係があり、こうした交流のもとで、カルビ酒屋やプルコギ屋が日本に伝来したと考えられる。

ではなぜ、その伝来地が大阪・猪飼野だったのだろう。

それを調べるために、カルビ酒屋とプルコギ屋の故郷である慶尚南道と全羅南道に本籍を持つ人々が、日本のどこに移動し居住したのかを、先の法務省資料（一九七四年）[17]をもとに、多い順に並べてみた。それが表2である。

表によると、大阪府と大阪市を合わせて、慶尚南道出身者が全体の二十・二パーセント、全羅南道出身者が十九・二パーセントにもなる。さらに兵庫や京都を加えると、いずれも四十パーセントに近い比率になる。ここから慶尚南道と全羅南道の出身者の多くが、大阪市を中心とする京阪神を目指したことがわかる。その中でも猪飼野が朝鮮人の最も集中した地域であった。こうしてこの地に、プルコギやカルビ焼きの店がいち早く出現するのである。

また、先の法務省資料によると、済州島出身者の約半数が大阪市に住んでおり、その数も慶尚南道や全羅南道の出身者をしのぎ、五万三四六三人にものぼる。その多くが猪飼野に居住し、猪飼野の在日韓国・朝鮮人の過半を占めた。そしてこれも需要の増大という意味で、朝鮮料理店やカルビチプ（焼肉屋）の繁栄に好適な環境を提供したとみられる。

ところでソウルのカルビチプは、冷麺の店がカルビ酒屋の影響を受けて生まれたものだった。これに対し大阪のカルビチプ（焼肉屋）は冷麺の店との関係が見えてこない（当時の日本には冷麺店がきわめて少なかった）。ここから、両者は名称が同じでも店の形態は異なっていたとみることができる。そこでこれ以降、ソウル系の店を**ソウル系カルビチプ**、大阪系の店を**焼肉食堂**と呼ぶことにしたい。

焼肉の出現

では、焼肉食堂の焼肉料理とは、どんなものだったのだろう。

その具体的な記録は残っていないが、伝来元のカルビ酒屋のカルビ焼きのように、当初は、介添えの人が客の前で焼いて、皿に盛って食べるのを勧める形式のものだったと予想される。

しかし、そのスタイルは日本ではなじみにくかっただろう。なぜなら日本には、そうした形式の前例がなかったし、焼いてもらうよりはむしろ自分で焼いた方が手っ取り早いと感じたのではなかろうか。

だが、自分で焼いて食べるスタイルにするためには、対話の相手を「酌婦」から「友人・知人」に、肉を焼くのを「酌婦」から「自分」に替える必要がある。したがってその切り替えには、店主側の発想の大転換が必要だったと思われる。

ところがこの百八十度転換したスタイルの焼肉料理が、すでに存在していた。それがジンギスカンであった。しかもその流行の波が、大阪にも押し寄せていたのだ。昭和九（一九三四）年十一月号の『食道楽』の記事、「京阪食味街」（阪木洋二）から引用しよう。

「與太呂のジンギスカン料理が一人前たつた一円で濠州の羊を本格的に食はすのだから大阪唯一の存在として永続さしたい。（中略）余り儲かるものばかりを商ふといふ訳でもあるまいが、近頃大阪一と迄折紙を附けられたあの天ぷらを休んでゐるのは一体全体どうした理由ぞ、と開き直つてみたい」

どうやらこの店は、大阪一と評判の天ぷらをやめてジンギスカンを始め、評判をとっていたのである。[18]

この店のうわささは、猪飼野の焼肉食堂の主人にも届いたことだろう。そして早々に、日本人に好まれるジンギスカンのスタイルを取り入れたと思われる。こうしてプルコギとカルビ焼きは、客が自ら焼いて食べるスタイルを獲得する。これがすなわち「**焼肉の誕生**」であった。[19]

それでは焼肉の誕生は、いつ頃と考えられるだろう。

それは、カルビチプ（焼肉屋）がいたるところにあったと記した『大阪と半島人』（一九三八年）が書かれるより前で、ジンギスカンが大阪人に知られる一九三四年より後になる。ここから、三〇年代中頃と推定できる。

そのときに、カルビ焼きに使う肉自体も変化したとみられる。カルビ焼きはもともと、骨付き肉を焼くものだったが、日本では骨付きが嫌われ、骨をはずした肉が使われるようになった。

さらに、カルビ焼き屋とプルコギ屋の垣根が消滅し、同じ店でカルビ焼きとプルコギの両方を提供するようになった。そのためこの店は、カルビチプ（カルビ屋）とプルコギ屋（焼肉屋）の両方の名で呼ばれるようになり、『大阪と半島人』に〝カルビチプ（焼肉屋）〟と表記されるにいたったと推定される。

在日朝鮮人史研究家・外村大（現、東京大学准教授）は、『大阪と半島人』の記録が〝焼肉屋〟という言葉の初出であろうと指摘しているが（「戦前期日本における朝鮮料理業の展開」『食文化研究助成　成果報告書』第十三回第一巻、㈶味の素食の文化センター、二〇〇三年）、まさに生まれたばかりのほやほやの言葉であったといえる。

大阪・猪飼野に誕生した焼肉食堂と焼肉は人気となり、その勢いのままに、日本の統治領域である満州や朝鮮へと広がっていった。

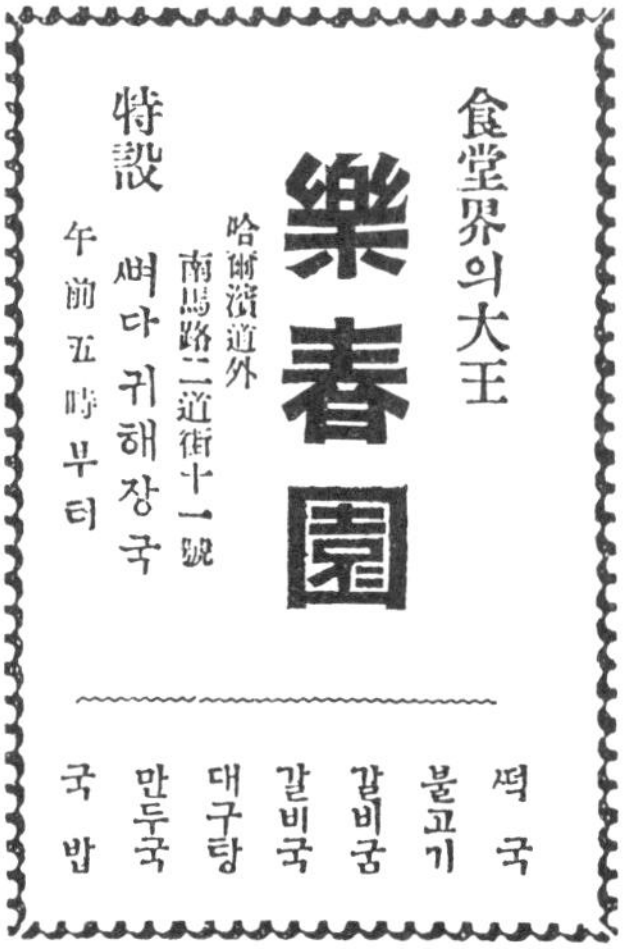

図1―24　食堂界の大王「楽春園」の広告
（『満鮮日報』1940年1月26日）
広告の下部にメニューがあり、トックッ（朝鮮風の雑煮）、プルコギ、カルビクム、カルビクッ（カルビを入れたスープ料理）、テグタン（牛肉・ネギ・唐辛子粉などを入れたスープ料理）、マンドゥグッ（餃子風のものを入れたスープ料理）、クッパ（汁かけご飯）とある。場所はハルビン道外（現在のハルビン市道外区）

満州のカルビ焼きとプルコギ

満州では、朝鮮北部からの朝鮮人の移住が朝鮮の植民地化によって急激に増加するが、満州国の建国（一九三二年）によってさらに増加した。こうして朝鮮人人口は、一九二七年

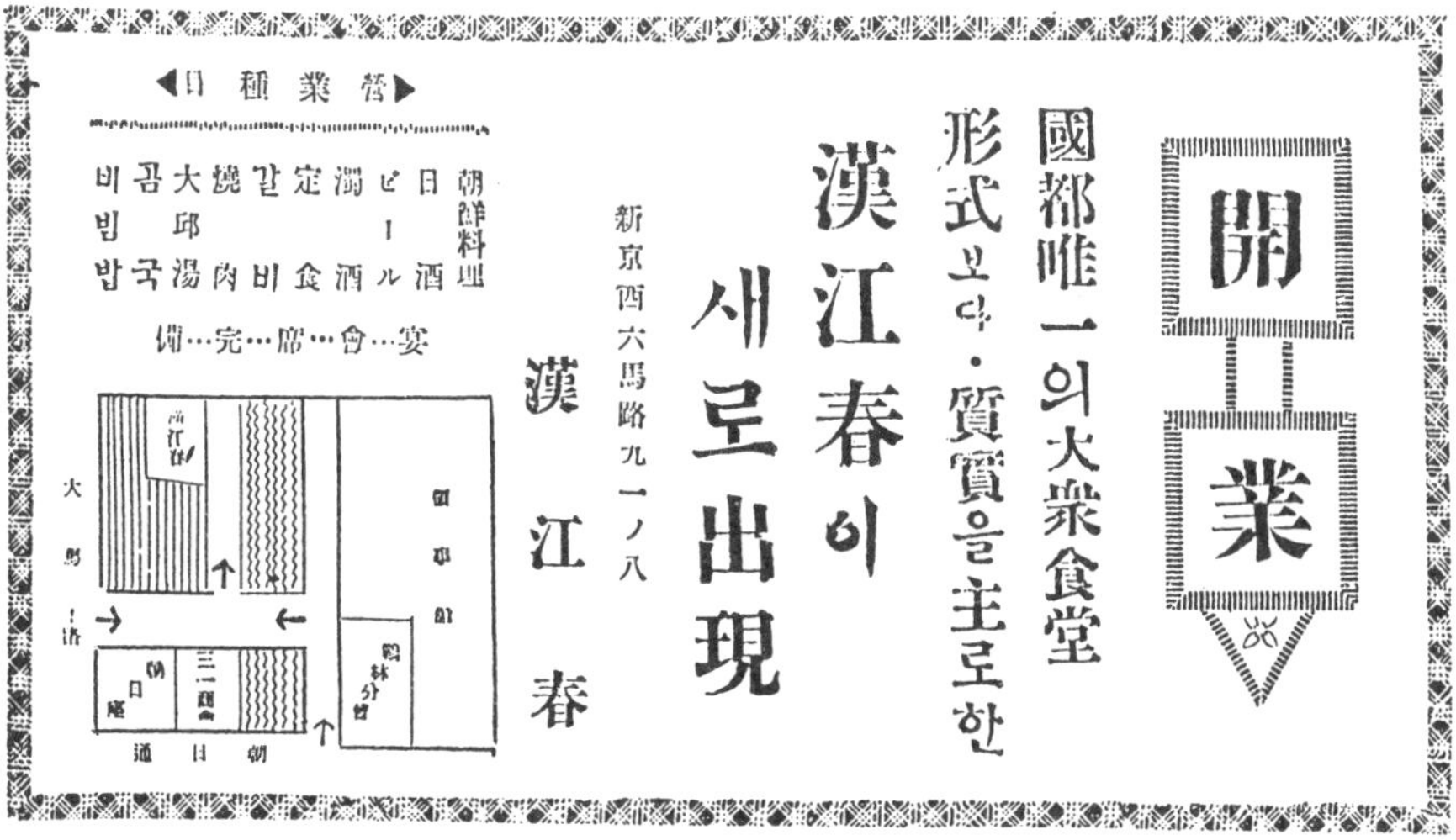

図1－25　大衆食堂「漢江春」の広告（『満鮮日報』1940年9月2日）
左上にメニューがあり、朝鮮料理（朝鮮の伝統的なセット料理のことだろう）、日酒（日本酒）、ビール、濁酒（マッコリ）、定食、カルビ、焼肉、大邱湯（図１－22のテグタンに同じ）、コムグッ（肉や内臓と野菜を入れたスープ料理）、ピビンパッとある。場所は満州国の首都・新京（現在の長春）。

が約五十六万人、一九三九年が約百三十万人（『満鮮日報』一九四〇年一月一日付）となり、日本在住朝鮮人がそれぞれ約十八万人と約九十六万人であったのに比べ、ずっと多かった。

そのため満州には、朝鮮料理店が数多く存在した。その状況は、『満鮮日報』という満州で発行されたハングル新聞の広告からかいま見ることができる。

この新聞の広告は、朝鮮や日本のそれと比べて内容が詳細で、当時の朝鮮料理店の実態を知るのに好都合だ。そこで筆者はそれらを調べ、プルコギ、焼肉、カルビなどの文字の入った広告を四店舗分見出した。そのうちの二つを、図１－24と図１－25に示そう。

図を見ると、「楽春園」のメニューには〝プルコギ〟と〝カルビクム〟が、「漢江春」には〝カルビ〟と〝焼肉〟が見られる。そのうち〝プルコギ〟と〝焼肉〟は精肉（ロース、ヒレ肉）を焼いたもので、〝カルビクム〟と〝カルビ〟はカルビを焼いたものを意味するだろう。このことからプルコギとカルビ焼きをメニューに持つ店が、満州にもあったことが確認できる。

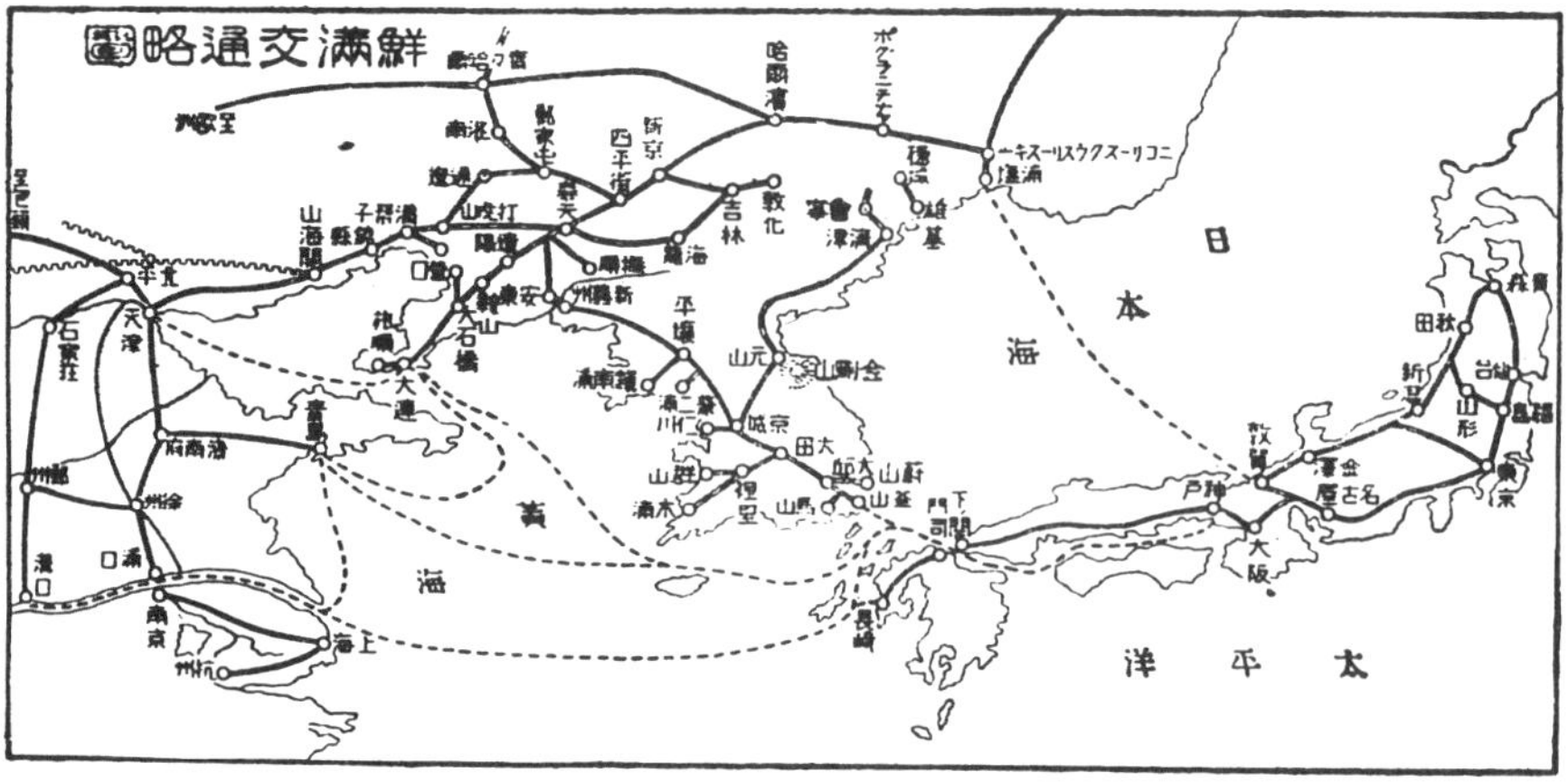

図1－26　日本と朝鮮・満州を結ぶ主な経路
（南満州鉄道㈱東京支社『鮮満中国旅行手引』昭和8（1933）年版）

その他のメニューを見ると、今日の韓国料理店でも見られる代表的な料理ばかりで、いずれも「一品でメインの料理となるもの」であるのに気がつく。「一品でメインの料理となるもの」とは、例えば大邱湯《テグタン》（牛肉・ネギ・唐辛子粉などを入れたスープ料理）を注文すると、大邱湯とともにキムチやナムルやご飯などが、セットになって出てくるものをいう。そして、プルコギやカルビ焼きもそれらと同様であったとみられる。つまり一品注文するだけで食事が完結することになり、したがってこの二つは、肉を主体に食べる料理であったことになる。

もうひとつ注目したいのが、「楽春園」と「漢江春」のどちらのメニューにも冷麺がないことである。ソウル系カルビチプは冷麺とカルビ焼きの店であったが、これからすると両者は別系統ということになる。一方の大阪の焼肉食堂は、カルビ焼きと焼肉の両方をメニューに持ち、冷麺はなかったとみられる。ここから満州の店は、焼肉食堂系統の店とみることができる。

だがなぜ、朝鮮よりも遠い大阪の店と同じ系統なのだろう。それは図1－26に示す一枚の地図から理解できるかもしれない。

この地図は、南満州鉄道（満鉄）系列の観光旅行会社・鮮満案内所が作成したパンフレットからのものだが、これを見ると大阪は、満州への窓口である大連や浦塩《ウラジオ》などと太いパイプ（航路・鉄道）で結ばれていたことが理解できる。

朝鮮の焼肉

日本の支配領域にあるソウルにも、大阪から、焼肉食堂と焼肉が流入したとみられる。その時期は、満州に伝わったのと同じく一九四〇年頃と想定される。

しかし、自分で焼きながら食べるこの形式は、朝鮮ではあまり歓迎されなかったようだ。それは自分で焼くスタイルが、伝統的な価値観にそぐわなかったためだろう。そこで自分で焼くスタイルと、それまであった酌婦が焼いて皿に盛って出すスタイルが組み合わされ、客が焼くのを女性給仕（アガシ）が補佐する形式が生み出されたとみられる。すなわちこれが「韓国式焼肉」で、今日も韓国の焼肉に引き継がれている。

図１－27　朝鮮人が経営する飲食店
（朝鮮総督府『朝鮮の人口現象』1927年）
場所は、現在の東京都品川区平塚あたり。入り口に暖簾をかけ、右側のポールの先端には「朝鮮 西洋 料理」とある。本文（次々ページ）の②に該当する店で、両隣の様子からすると、商店街にあったようだ。

（5）朝鮮料理店と焼肉食堂

戦前の朝鮮料理店

焼肉食堂は、満州の店のメニューからわかるように、朝鮮料理の代表的な一品料理の数々にプルコギとカルビ焼きを加えたものであった。したがってこの店は、以前からあ

表3　猪飼野やその周辺の朝鮮料理店（1930年代中頃）

店　名	所　在　地
食道園	大阪市東成区森町南2-76
栄州舘	大阪市東成区大今里町243
食道園	大阪市東成区猪飼野中3丁目3
平和食堂	大阪市東成区猪飼野中3丁目4
不　明	大阪市東成区猪飼野町・朝鮮市場内
東成舘	大阪市東成区白山町3丁目

・食道園が2店あるが、今日の同名の店との関係はない。
・住所は当時のもの（猪飼野中と猪飼野町は今日の生野区に相当）。

った朝鮮式の食堂を母体としたものではないかと考えられる。

では当時の日本には、どんな朝鮮料理店があったのだろう。食文化論の権威・石毛直道は、戦前の朝鮮料理店について次のように述べている。

「当時の日本国内には、朝鮮半島の料理を食べさせるレストランはほとんどなかった。それには、支配下にある民族の料理は食べるに値しない、という差別感が作用していたものと思われる。日本人が出入りする朝鮮半島の料理を食べさせる店の開業は、第二次大戦が終了してからのことである」（『食の文化地理』一九九五年）

これが最も代表的な見解といえるだろう。

しかし最近、そうした考えが正しくないことがあきらかになりつつある。

その端緒となったのが、前出の外村大の論文「戦前期日本における朝鮮料理業の展開」であった。この論文で外村は、戦前期に刊行された朝鮮人向け新聞に掲載された広告を分析し、この時代の日本にも、朝鮮料理店が数多く存在したことをあきらかにした。これを受けて筆者は、朝鮮料理店の実態について考察し、日本人も朝鮮料理店に出入りしていたことをあきらかにした（『キムチの文化史—朝鮮半島のキムチ・日本のキムチ』二〇〇九年）。

これらの成果をもとに、戦前期日本にあった朝鮮料理店を分類すると、次のようになるだろう（高級なもの順）。

① **朝鮮料理屋…**料亭や料理屋に相当。宮廷料理などを提供し、妓生《キーセン》[20]が応接する。比較的に大衆的な店から政府高官や文人が利用する豪華な店まであった。

②　**朝鮮食堂…**朝鮮料理を提供する庶民的な食堂。たくさんのメニューをそろえた店や、冷麺などの専門店があった。女給（配膳係）を置き、朝鮮人の集住地周辺や学生街に多くあったが、商店街や繁華街に立地するものもあった。

③　**朝鮮飯屋・朝鮮飲み屋…**粗末なつくりの店で、ほとんどが朝鮮人の集住地やその周辺に立地した。モツ料理や密造酒（マッコリ）を提供。

④　**屋台や露店…**特定の店舗を持たずに営業する店で、主に朝鮮人の集住地に立地。

この分類にしたがうと焼肉食堂は、「② 朝鮮食堂」に該当する。ではこの種の店は、大阪・猪飼野にどの程度あったのだろう。参考として、外村の先の論文から猪飼野とその周辺の朝鮮料理店を拾うと、表3のようになる。これらは先の分類の①や②からなるとみられるが、その中のいくつかは焼肉食堂であっただろう。しかし、『大阪と半島人』に「到る処にある」と記されていることからすると、実際の店舗数はそんなものではなかったことになる。

註

（1）本文の朝鮮朝時代に同じ。

（2）②の代表が〝鍋焼きうどん〟である。そのため、この形式を〝鍋焼き式〟という。

（3）江戸期の日本では、銘々膳（一人用のお膳）で食べる伝統が根強く、鍋を囲んで食べる③の形式はあまり歓迎されず、そのため残された記録は少ない。盛んになるのは明治期からで、身分や職業による差別意識が希薄になって鍋を囲んでの食べ方に抵抗感が薄れ、牛鍋（すき焼き）やシャモ鍋などが流行する。

（4）〝杉焼〟とは、杉箱に鯛・鶏肉・野菜を入れて煮る、味噌仕立ての料理をいう。

（5）日本人が朝鮮に進出すると、日本式の料理屋（料亭）が作られるようになり、次いで、これを模した朝鮮式の料理屋（朝鮮料理屋）が誕生する。この店に、宮廷や上級支配層によって育まれてきた伝統料理が、調理人とともに流出する。

（6）しかし、禁忌とされたはずの牛や馬の肉も被差別民にとっては大切な食料であったし、江戸期の彦根藩では、牛肉の味噌漬けを作り将軍家や大名家に献上している。また、琉球から九州南部にかけての地域では、豚が食用にされた。

（7）食に関する通俗的な本では、日本に肉食文化がなかったとするものが多くみられる。だが食文化史の専門書では、肉食文化が太古から連綿と続いてきたことが明確に述べられている。

（8）牛鍋店は幕末にも存在していた。たとえば福沢諭吉は『福翁自伝』で、安政四（一八五七）年頃の大阪の牛鍋屋について述べ、『明治事物起源』（石井研堂、一九二五年）は、開港して間もない時期（文久二（一八六二）年）の横浜の、居酒屋・「伊勢熊」の牛鍋について記している。

（9）魚については直火焼きが堅持された。それは魚の表面に焦げ目が求められたためで、そこから発明されたのがガスレンジ用の魚焼き器であった。

（10）糧友会とは、食糧に関する研究や普及のために陸軍省が組織した会員組織。

（11）ジンギスカンの店は、一九三〇年に東京・銀座にすでに存在し（五〇ページ参照）、三〇年代後半には「近来各所にヂンギスカン料理の数が増へたようだ」（江戸川閑人「羊肉食」、『食道楽』昭和十三（一九三八）年二月号）と記されるほど増加する。

（12）駒井徳三命名説が誤りとする詳細な論考は、ネットのホームページ「現場主義のジンパ学」（尽波満洲男）にくわしい。

（13）小学館『日本国語大辞典』（第二版、二〇〇二年）では「焼肉」の用例に、仮名垣魯文の『西洋料理通』（一八七二年）、小栗風葉の『青春』（一九〇五―六年）、張赫宇の『権という男』（一九三三年）をあげている。

（14）地名は当時の読み（日本語読み）ではなく、今日の読みとした。以下同様。

（15）著者の吉村巌（著名な園芸家）は、このときが初めての朝鮮訪問だったようで、この旅の目的地である金剛山（朝鮮・江原道にある名山）の摩訶衍の宿で、朝鮮料理を初めて食べたと記している。したがって〝朝鮮式焼肉〟は、日本への帰路に、おそらくは釜山あたりで食べたものと思われる。

(16) 猪飼野とは、鶴橋駅から桃谷駅にかけてのＪＲ大阪環状線（当時は城東線（大阪―天王寺間）と言った）の東方の、平野運河両岸一帯の地域をいう。現在は町名変更によってなくなったが、朝鮮人が集住するこの地域を表現するのに便利なことから、今日も通称名として使われている。

(17) 戦後の資料を用いたのは、済州道と全羅南道のそれぞれの移住者数が把握できるため（戦前の統計は済州島が全羅南道に含まれる）。

(18) 昭和十（一九三五）年四月号の『食道楽』（坂本陽「大阪食味街満策」）には、「與太呂」は毎夜のごとく満席で、一日で羊一頭分が消費されたとある。店は大阪・船場にあった。

(19) 焼肉の誕生と猪飼野の関係については、拙文「焼肉は猪飼野からはじまった」（『ニッポン猪飼野ものがたり』批評社、二〇一一年）でくわしく論じた。

(20) 歌舞・書画などの芸を身につけ、宴席にはべる女性のこと。

第二章　内臓焼肉の歴史

焼肉はこれまで、戦後の食糧難の時代に内臓を焼くことから始まったといわれてきた。しかし実際には、戦前においてすでに、精肉の焼肉が誕生していたことがあきらかになった。とすれば、今日見られる内臓を使った焼肉（内臓焼肉）は、いつどのようにして誕生したのだろう。この章ではそれについてじっくりと考えてみたい。

1　戦前日本の内臓料理

（1）内臓食の普及

日本の内臓食文化

鄭大聲《チョンデソン》の『朝鮮食物誌』（一九七九年）に、「日本の屠殺場では当時（終戦直後の頃…引用者注）、内臓は捨てたものであった」とある。この考えに賛同して、日本では内臓食が行われてこなかったと考える人もいる。しかし内臓食は古代からあり、『万葉集』の薬狩《くすりがり》についての長歌には、鹿が大君に我が身を捧げる様子が、次のように歌われている。

「わが角は　み笠のはやし　わが耳は　み墨のつぼ　わが目らは　真澄の鏡　わが爪は　み弓の弓弭《ゆはず》　わが毛らは　み筆の料《はやし》　わが皮は　み箱の皮に　わが肉《しし》は　み膾《なます》はやし　わが肝《きも》も　み膾はやし　わがみげは　み塩のはやし　……」

狩で捕った鹿はあますところなく利用され、肉や肝《きも》はなますにし、みげ（胃袋）は塩辛にして食されたのである。その後も内臓食は途切れることなく続き、猪などの獣の内臓は山間に暮らす人々に、牛馬の内臓は被差別民などによって食されてきた。しかし、獣肉食を避ける気風の強かった日本では、内臓食はもちろんのこと、肉食に関する記録さえも残されることは少なかった。

幕末の内臓食

幕末になると、欧米文化の波が押しよせるようになり、牛の内臓食が表面化し始める。その例のひとつを『日本食肉文化史』（伊藤記念財団、一九九一年）から紹介しよう。

「一八六二年（文久二年）、開港して間もない横浜の入舟町で「伊勢熊」という居酒屋を開いていた主人の熊吉が、牛鍋を売り始めた。まだまともに牛肉の仕入れができなかったため、同店では外国商館の庸人に頼み込んで、捨てるような臓物を安く仕入れ、これをぶつ切りにして串に刺し、大鍋に味噌や醤油をベースとしたタレで煮込み一串三文で売ったところ、大当たりに当たった」

次いで、もう少し時代をさかのぼる安政四（一八五七）年の話を、福沢諭吉の『福翁自伝』から紹介しよう。

「最下等の店だから、凡《およ》そ人間らしい人で出入りする者は決してない。文身《ほりもの》だらけの町の破落戸《ごろつき》と緒方の書生（〝適塾〟の塾生…引用者注）ばかり得意の定客《じょうきゃく》だ。何処から取寄せた肉だか、殺した牛やら病死した牛やらそんなことには頓着《とんじゃく》なし、一人前百五十文ばかりで牛肉と酒と飯と十分の飲食であつたが、牛肉は随分硬くて臭かつた。」

表4　明治期の西洋料理に使用された内臓類

刊行年	編著者・書名	使用する部位
明治5（1872）年	仮名垣魯文編『西洋料理通』	牛の心臓（カウスハルト）、牛尾《うしのお》、頭肉、羊首《ひつじくび》
明治19（1886）年	近藤堅三編『西洋料理法独案内』	羊頭《ひつじのかしら》、牛尾《うしのお》、牛の心臓、牛の腎臓、豚の頭《かしら》、豚・羊の腎臓、臘腸《ちゃうづめ》
明治29（1896）年	大橋又太郎編『日用百科全書西洋料理法』	牛尾《うしのお》（テール）、膽《きも》（ハート）、牛舌《うしのした》（ストング）、脳（ブレイン）、腎臓（キドニー）、リーバー（肝臓のこと…引用者注）
明治34（1901）年	丹羽庫太郎『西洋料理精通』	牛の心臓、豚の頭、牛・豚の腎臓、豚の隔管《ひゃくひろ》（腸のこと…同）、牛の舌（タン）、犢牛《こうし》の頭、頬肉《ほほにく》、咽喉《のど》の肉、顎肉《がくにく》

臓物が入っていたとは書いてないが、「硬くて臭い」とあるからまともな肉は使われていなかったことだろう。この時代にはこうした牛鍋店が大阪に二軒、京都にも三〜四軒はあったという（山内昶『「食」の歴史人類学』人文書院、一九九四年）。

当時は、牛肉に対する穢《けが》れ意識が強く、牛鍋店は最下等の店としてスタートした。そのため客は下層の人々からなり、怪しげな肉や臓物が使われるのが常であった。

西洋料理書の内臓料理

明治に入ると牛肉食が公認され、それにともなって内臓食も公然化する。そして、生産、流通、法規などすべての分野で、それらに関する記録が数多く残されるようになる。

料理書もその例外ではなく、次々に刊行された西洋料理書には、さまざまな内臓料理が収録された。その様子を知るため、明治初期、中期、後期に刊行のものを無作為に選んでまとめたものが、表4である。

この表から、西洋料理書では必ずといっていいほど内臓料理が取り上げられ、しかもその種類が多岐にわたっていたことがわかる。

また、西洋料理書に次いで中国料理書も多数刊行されるが、これに

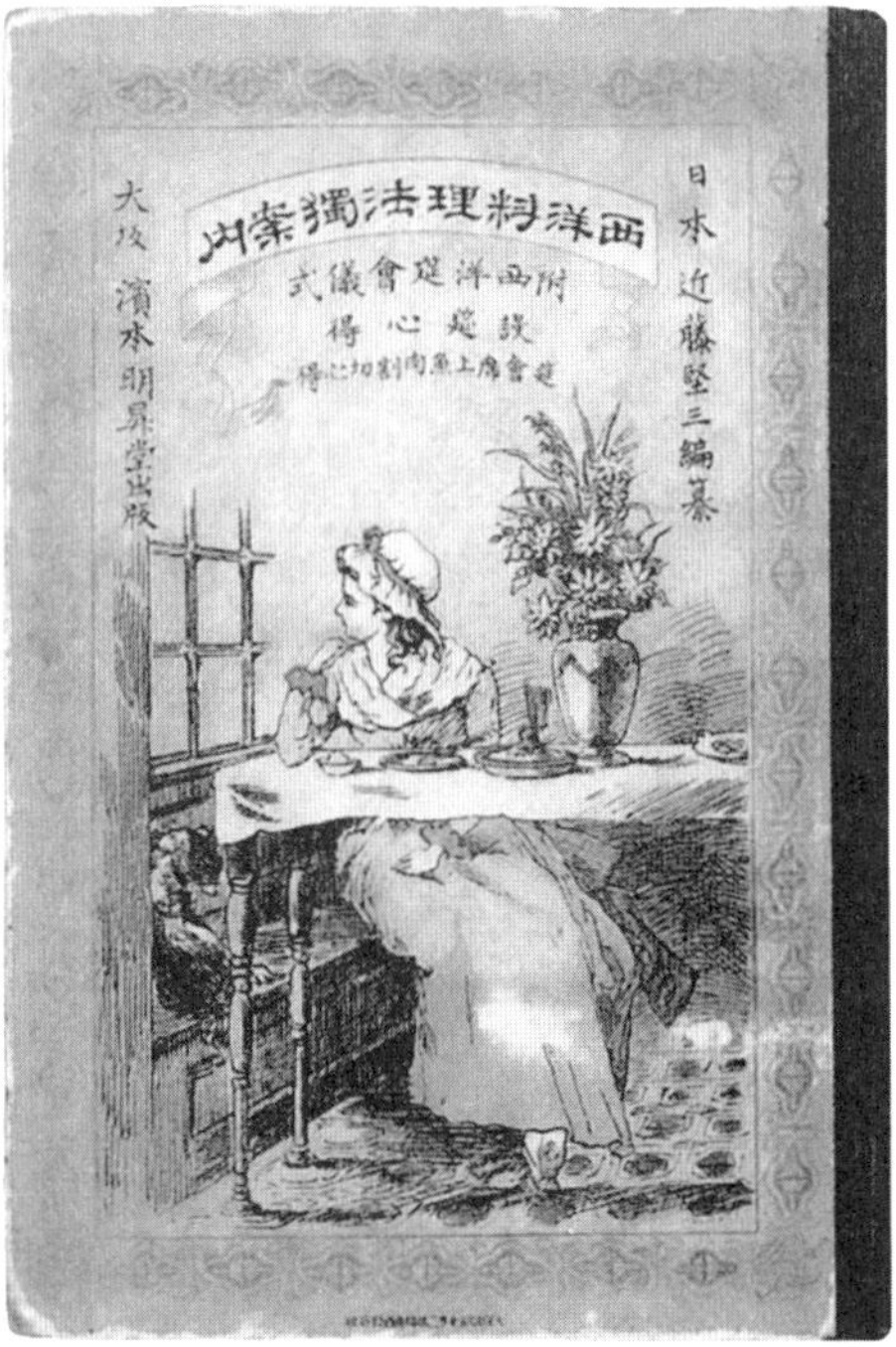

図2－1　『西洋料理法独案内』（1886年刊）表紙

も内臓料理が収録されることが多かった（ただし料理の種類は少ない）。
　そのため、料理に使う内臓類も市販された。販売価格はいくつかの本に記録されているが、ここでは明治三十六（一九〇三）年から新聞連載され、一世を風靡した村井弦斎の小説『食道楽』から紹介しよう。

タング（舌）一本四十五銭、テール（尾）一本十二銭、トライブ（胃）一斤八銭、レバー（肝臓）一斤八銭、キッドネー（腎臓）六銭、ハート（心臓）一斤十五銭、など（『増補注釈 食道楽 夏の巻』一九〇三年、「西洋食品価格表」より）

内臓食は上流層に普及していくが、その程度は遅々としたものであった。しかもこれらの料理は、大多数からなる庶民にとっては手の届かない存在であった。これらから料理書の内臓料理は、一部の富裕層を除けば、さして影響を及ぼさなかったとみることができるだろう。

都市貧困層への普及

一方、幕末から表面に現れだした内臓料理は、明治に入ると都市の貧民層に目だって浸透し、車夫や馬方などが通

表５　明治期（前・中期）の都市貧困層の内臓料理類

刊行年	書名・雑誌名	内臓料理類の概要
明治７（1874）年	『東京新繁昌記』（服部誠一）	肉を竹串に刺して大鍋で煮込んだもの。「臭気鼻をつくが如し」とあるので、内臓類の煮込みと考えられる。
明治23（1890）年	『貧天地饑寒窟探検記抄』（岩波文庫『明治東京下層生活史』より）	牛の臓腑を煮てから、よい部分は天麩羅に、次のものは付け焼きに、最も下等のものはそのまま切って一個５厘で売る。
明治26（1893）年	『最暗黒之東京』（松原岩五郎）	煮込み…牛の臓腑などを切って串刺しにし、味噌・醤油で煮込む。一串２厘。 焼き鳥…鳥（シャモ）の臓物を蒲焼きにする。一串３～５厘。
明治35（1902）年	『文芸界』増刊「夜の東京」（森銑三『明治東京逸聞史』より）	焼き鳥…鶏の筋または臓腑を串に刺して蒲焼きにする。一串５厘。
同上	11月19日付『大阪毎日新聞』（のびしょうじ『食肉の部落史』より）	牛肉煮売屋を西浜名物といい、牛の皮や内臓、時には犬猫のそれをごった煮にする。
明治39（1906）年	『実業之日本』２月15日号（森銑三、上掲書より）	牛飯…屠牛場でいうホク、腹皮、鼻づら、百ひろ（牛の胃や腸のこと…引用者注）などを用いる。ホクは柔らかだが、他はかみ切れないほど固い。 焼き鳥…犬の肉を使う。

う飯屋の主要なメニューになっていった。当時の貧困層を取材したルポなどをもとに、その状況をまとめると、表５のようになる。

この表からわかるように、牛の内臓は天麩羅、串焼き、煮込み、牛飯になり、鶏の内臓は焼き鳥に使われた。豚の内臓が出てこないのは、養豚がまだ盛んでなかったためである。

内臓供給体制の整備

牛肉食を公認した政府には、安全で衛生的な食用肉や内臓を供給する義務が生じていた。そのため関連の規定類も整備されていく。その具体的な条文を、明治三十九（一九〇六）年四月発布の「屠場法」（法律第三十二号）第四条の後半から見ていこう。

図２－２『食肉衛生警察　合巻』(1913年)表紙

この本には、屠畜にかかわる関係法令、屠場の構造基準と管理法、屠家畜の内臓等の検査方法などが記されている。表題に「警察」とあるのは、食肉の生産・流通にかかわる監督を警察が担当していたことによる。

「屠肉、内臓其ノ他食用ニ供スル部分ハ屠畜検査員ノ検査ヲ経ルニ非サレハ屠場外ニ搬出シ又ハ製造ノ用ニ供シ若ハ貯蔵スルコトヲ得ス」

読みにくいので現代文に直すと、「肉・内臓・その他食用に供する部分は、屠畜検査員の検査を経なければ、搬出・加工・貯蔵をしてはならない」とある。

そして検査が終わったものは、施行規則第十一条にもとづいて検印が押され、市販にまわされた。検査法は、『食肉衛生警察　合巻』（津野慶太郎、一九一三年、上巻初刊は一九〇六年）に、五十ページに渡って説明されている。

また、「屠場法」制定以前には、屠場を地方長官が管掌していた関係で、地方の条例によって規制が行われた。具体的には、東京市の明治二十（一八八七）年の規則では、検査によってはねられた販売禁止の肉や内臓について規定し、同じ頃の大阪市の規則では、内臓の検査やその運搬具について定めている。

屠場の操業状況についての記録も残っている。少し長くなるが、明治三十八（一九〇五）年十月号の『月刊食道楽』「『牛』物語」（清九郎）から現代文に直して（一部は要約）紹介しよう。なお、この屠場の所在地は東京・芝白金今里町（現、港区白金台二丁目）で、操業時間は午前八時頃から正午までであった。

・操業前の門前には、影の薄い牛どもがいく頭も繋がれている。

・定刻になって役人たちが出張してくると、一頭ずつ牽き入れられ、獣医が身体検査をする（病牛は食糧にできない）。
・検査が済んで及第すると、番号をつけられる（番号順に屠牛する）。
・牛は屠場の門をくぐると殺されることを悟り、多くは頭《かしら》をたれてだらりとしている。
・屠場の中に入って、前の番の牛が殺されるのを見て、自分もすぐにそうなるのを知っていても、たいていは騒がない。中には往生際の悪いのがいて、足を踏ん張って入るまいとする。そういう牛は角に綱をつけて、マケという機械で引っ張り込む。
・屠場は五間（一間は約一・八メートル…引用者注）に十五間くらいの細長い建物で、床に石を敷き、中央に小溝がある。これは血の流れるところで、ここを流れた血は建物の外へ流れ出て、一間半に二間、深さ一間くらいのレンガ造りのため池に落ち込む。
・天井には鉄の棒が四本あって、その一本ごとに輪のついた六尺ばかりのクサリが下げてある（この説明は後でする）。
・番号順にここに引き込まれた牛は、突然前頭部にハマという道具で一撃され、そのままギューとまいってしまう。
・すると、ほかの男が六尺ぐらいの長さの籐を、ハマの傷口から脊髄に差し込む（これがトドメ）。
・また、ほかの男がナイフで頚《くび》の脈管を切ると、そこら一面が血だらけになる。
・切るとすぐに、二、三人の男が牛の腹に足をかけて踏みにじる。それは血を多く出すためで、血が出れば出るほど味がよくなり、持ちも長い。
・約十分間揉んで今度は皮を剥ぐ。これは非常に熟練を要し、前足から始めて尾のほうへ及ぼすが、ナイフは用

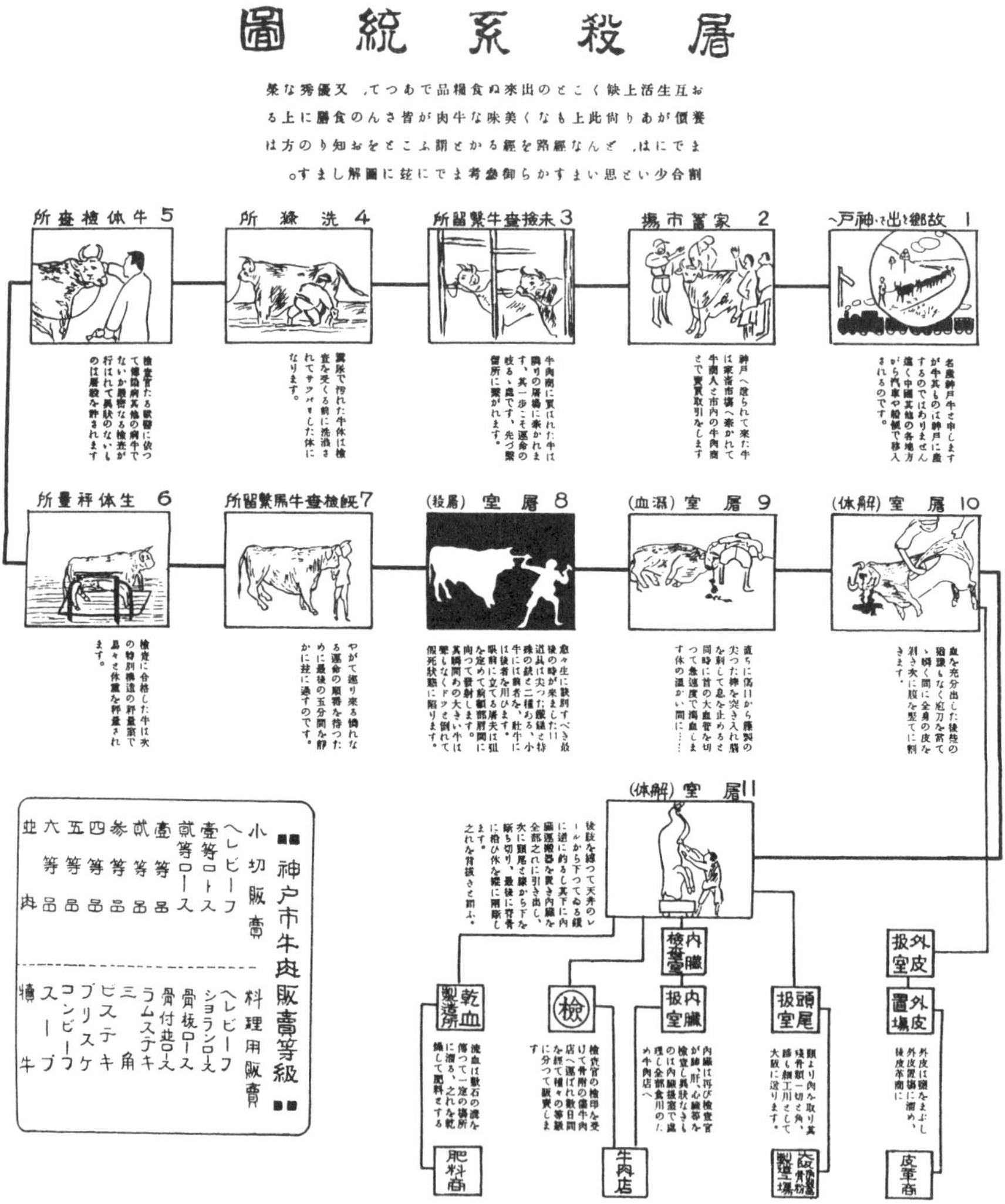

図2－3　大正15（1926）年の屠殺系統図（神戸市）
（神戸市役所衛生課『神戸市衛生施設大鑑』1926年）

系統図の作業方法は本文で紹介したものと同様。「内臓扱室」の説明に、検査をして「異状なきものは内臓扱室で処理し全部食用のため牛肉店へ」とある。

いても刃のほうはあてない。なぜなら、ちょっと小さい傷でもつけるとたちまち大きな穴になるので、多くは手だけで剥ぎ取る。

・次いで頭を切り落とし、前に言ったクサリで逆さに吊り上げ、ナイフで腹を切り割《さ》いて臓腑類を出し、それがすむと別のほうへそのまま運ぶ。クサリの上は鉄の輪になっているので、苦もなく運ばれる。

・次に、材木を引き割るように大きな鋸で脊椎骨に沿って挽く。ギューとまいらせてからここまでに要する時間は四十分ぐらい。

・臓腑は、別に建てられた解剖所にまわされて解剖され、そのあとは頭と一緒に牛飯屋に売られる。骨や血は肥料になる。尾はソップ屋が買う。肉と皮と角はご承知のとおりで、何一つ捨てるものがない。

これは「屠場法」が制定される以前の状況だが、それでも獣医による生牛の検査や屠牛後の内臓の解剖検査が行われている。また牛の解体の方法は、今日と大きくは違わない。

庶民の内臓食

こうした中で、内臓食も徐々に浸透していく。特に都市貧民の内臓料理は、明治末頃から庶民層の一部にも注目され、次第に愛好者が増えていった。中でも煮込み、牛飯（牛丼）、焼き鳥（モツ焼き）の人気が高く、少なからず普及する。その様子を、種類ごとにかいま見てみよう。

［煮込み］

煮込みは表5で示したように、明治初期の記録にも現れる最も基本的な内臓料理といえる。材料は牛の内臓が主だが、馬の内臓も使われた。その様子を、昭和十（一九三五）年七月号『食道楽』の「ルンペン食味　かけとにこみ」（中村蓉一）から紹介しよう。

「下谷二長町通りや深川門前仲丁等々の屋台、大きい字凧の如き天幕に牛と一字書かれたアレ、アレがにこみ屋である。

そもそもにこみなるものの謂れ縁因から申上れば、明治初年神戸港のどて焼と称するものがその元祖也との事だが、東京は明治十六年浅草石原の稲荷前のにこみ屋が元祖だ。

現在は市内至る処にあり、殊に深川城東等下町に多い。前記二長町は最も古く、門前仲町これに次ぎ、共に現在四、五軒のにこみ屋がある。大きい鍋へ串差の馬の臓物を味噌で煮込んである。其を長い竹箸で好みのものをとつてたべるのだ。

モト（陰部、陽物の側肉で毛が生えてゐる）。ヒロ（腸）、ネバ（キモ）、フワ（肺）、ハツ（心臓）、フエ（咽喉ぶえ）等々いろいろある。一本一銭、こんな安価で、美味で、栄養価の多いのは他に求められない」

これによると煮込み屋は明治初期からあり、昭和十年頃の東京では「市内至る処に」店が出るほど繁盛していたということになる。

この料理はその後も人気が衰えずに続き、永井荷風の昭和十八（一九四三）年九月十六日付の日記（『断腸亭日乗』）にも登場し、「深川門前仲町あたりの屋台店にて煮込みと言ふ物は牛豚等の臓物を味噌で煮たるもの」（岩波書店『荷風全集』二十五巻、一九九四年）と記されている。

【牛飯】

明治三十八（一九〇五）年五月号の『月刊食道楽』に、「東京一美味い牛めし屋」と題する一文がある（清九郎「妙なうまいもの案内」）。それによるとこの店は、使うワリシタ（醤油・みりんなどで調味しただし汁）の製法に秘訣があり、そのため東京第一とたたえられていたという。

この店は相当に有名だったようで、昭和十（一九三五）年八月号の『食道楽』の「牛めしと野口英世」（結城禮一郎）という一文にも登場し、明治三十（一八九七）年の話として、本郷春木町の中央会堂に礼拝に訪れた野口英世や結城[1]らが、この東京第一の店（中央会堂に向かって左隣にあった）にせっせと通っていたとある。

東京第一というからにはたくさんの牛飯店があったことになるし、野口英世のような若きインテリにまで愛好されていたということは、この料理の歴史がかなり古く、愛好者がそうとうに多かったことを暗示させる。

牛飯の作り方は、この雑誌に、次のように紹介されている。

「牛めしの実質は（中略）内臓が主で、他に筋《すじ》と脂《あぶら》がまじつて居た。筋はポキポキしていくら噛んでも噛み切れない、然かし其の噛み切れないのを気長に噛みしめてよい加減のところでポイと吐き出す、それが又事の外興《ほかきやう》あつたものだ。若しそれ其の脂に至つては、天地悠々三千歳、何日投げ込まれたのかわからない、溶けて、固まつて、すつかり蒟蒻のやうになつている、こいつが又素敵だつた。偶々本もの、肉片にぶッつかることもあるが、それは一丼の中に僅に一片あるかなしかで、心細さの極みであつた。鍋そのものは国初以来一度も洗はれたことなく、減れば足し減れば足しゝて居るので、鍋の底は脂と滓で岩のやうになつてる。汁も鰻屋のタレ同様につまつて居る。朝から晩までコトコト煮て居て、御客が見えると葱を一ト掴みパラリと投げ込む、そして其の葱がいくらか柔かくなつた頃合ひを見計らひ丼へ少し剛めに炊いた飯をつけて網杓子でさつとすくつてかける、ブツカケの名の起る所以だ。客はそれへ真赤になるほど唐辛子を振つて、スウスウ云ひながら食べる。とてもたまらないうまさだ。斯うして書いて居ても唾液が自然に湧いて来る。客種は晴雨老の云ふが如く車夫が大部分で達者な奴は十杯ぐらゐ平気で平らげて居た」

モツの牛飯は、大正や昭和の初めにも好まれ続け、作家・今東光の青春放浪時代（一九一七～一九二二年頃）の話（山本容朗『作家の食談』一九八〇年）や、インテリコメディアン・古川緑波《ろっぱ》の昭和八～九（一九三三～四）年頃の話（『悲食記』一九五九年）にも登場する。

だが、この人気料理にも変化が訪れる。それは、昭和の初め頃から内臓の代わりに細切れ肉が使われるようになり、やがてほとんどがそれに取って代わる（伊藤晴雨「牛めし物語」『食道楽』昭和十（一九三五）年七月号）ためだ。こうして牛飯は、今日おなじみの料理に、すなわち〝牛丼〟に生まれ変わる。

だがなぜ、牛飯の材料が内臓から細切れ肉に変わったのだろう。モツの牛飯の愛好家だった伊藤晴雨はこの変化を嘆きつつ、その原因を「滋養価十分の牛の内臓は他にも応用の範囲が広がつた結果」と述べている。

たしかにモツを使った焼き鳥（モツ焼き）の人気が高くなり、内臓料理を好む朝鮮人の人口も増加し、内臓需要は増大しただろう。だがそれだけではなかったのではなかろうか。おそらくは牛飯が大衆化したことで、毛嫌いされがちな内臓の使用が避けられるようになったのだろう。つまり大衆に好まれる材料（肉）にシフトし、モツの牛飯は姿を消していったのである。

［焼き鳥］

煮込みや牛飯以上に流行したのが、焼き鳥という名のモツ焼きであった。

この料理は表5で示したように、明治中期頃までは鶏のモツや犬肉が使われていた。だがしばらくすると、使う材料が牛豚のモツ（内臓）にとって替わり人気を得ていく。その様子を、角田猛『いかもの　奇味・珍味』（一九五七年）からかいま見てみよう。

「明治の終わりごろからヤキトリといって、牛豚のモツを串にさし、タレをつけて照焼きにして食わせる街の屋台店が夜になると現れてきたが、若い衆や小物相手の一串五厘のしがない店だった。それが大正の中期頃からだんだん庶民に愛好されだして、価も一銭になり人気が出てきた。こうなると街の独立した商売のひとつとなり、昭和の中期（昭和十五年頃…引用者注）には一本二銭、下町では上物が一本五銭の店もできて、清酒や焼酎、合成ウイスキー、ブドウ酒などを備えて勤労大衆の一日の慰安に大きな意味を持った大切な存在になった」

牛豚のモツのヤキトリが、勤労大衆から大きな支持を得るまでの様子が、簡潔にまとめられている。そしてこの料理は、戦後のホルモン焼きの流行と大いに関係するので、「焼き鳥とモツ焼き」の項であらためて検討したい。

政府による内臓食の普及活動

内臓食は都市の庶民にも広がりつつあったが、政府にとっては思わしい状況ではなかった。昭和四（一九二九）年三月に開催された「食糧展覧会」の講演で、農林省畜産局の担当官・釘本昌二は次のように述べている。

「朝鮮でも内臓と肉との値段は略同一《ほぼ》であるし、諸外国では実によくこの内臓を利用してゐるが、日本では内臓はテンデ顧みられない。即ちそれ丈け肉価に多くを負担しなければならないことになるのであるが、内臓は栄養

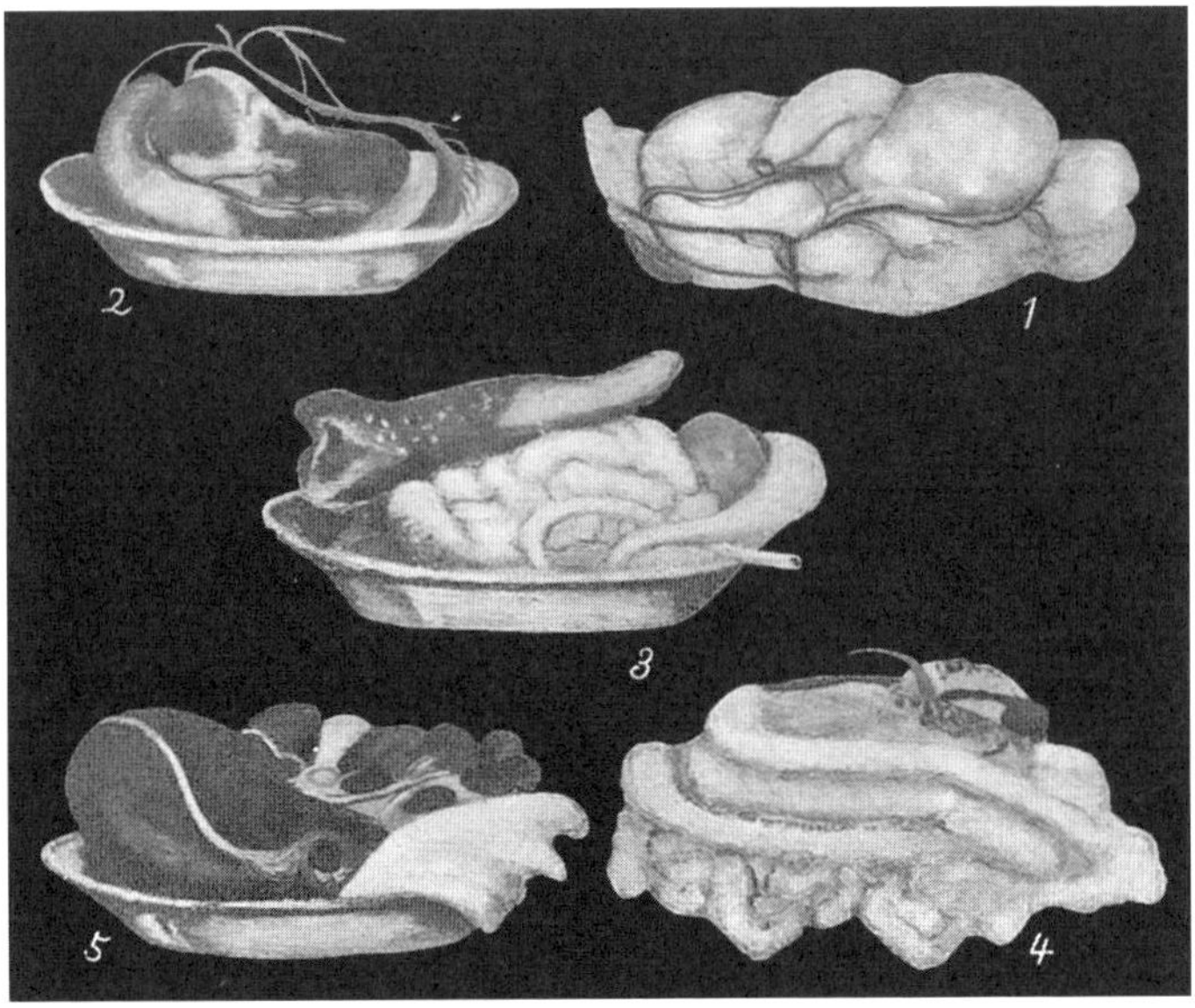

図２－４『最新経済　滋養料理』(1920年)に掲載の牛の内臓の絵
１．胃　２．心臓　３．脳　４．大腸・小腸　５．肝臓・横隔膜

分に富みヴイタミンも多く柔軟で、夫々特有の美味を有するのであるから将来この方面に留意することも必要であり、又肉価を引下げる一方法である」
(『現代食糧大観』)

こうした考えのもとで、内臓食の普及活動が行われた。そのうちから大正時代以降の活動のいくつかを紹介しよう。

大正八(一九一九)年に、お茶の水教育博物館で「生活改善展覧会」が開催され、日本女子大学が内臓料理を展示する(川辺長次郎編『日本食肉史年表』一九八〇年)。これが好評だったことから翌年に、料理書『最新経済滋養料理』(井上秀子編)が刊行された。牛の内臓では、脳、舌、心臓、横隔膜、肝臓、すい臓、腎臓、胃を使う料理が十九種類も紹介されている。

大正十(一九二一)年頃には内臓の栄養価が注目され、「生活改善」を掲げた料理講習会が盛んに行われた。その翌年には、内臓などを上手に利用した〝経済栄養献立〟が栄養研究所から発表され、新聞各紙に連載された。(中島久恵『モノになる動物のからだ』二〇〇五年)

さらに一九三〇年代後半になると、後述のホルモン料理が流行し、これに便乗するかたちで内臓料理に関する講演会や料理実習、そして書籍類の刊行が行われた。

徹底的に利用された家畜

こうした努力にもかかわらず、内臓食は貧民や都市の庶民の一部に広がっただけで、それ以外への浸透はかんばしくなかった。それでも内臓は捨てるものではなかったし、家畜から得られるあらゆるものが徹底的に利用された。その様子を、明治四十三（一九一〇）年刊の家庭百科全書『帝国実用宝典』（大日本実業協会）からのぞいてみよう。

「（牛の）糞尿は肥料となり、其毛、皮、角、骨は各種製品の材料となりまして、其死屍だも一の廃物とするものなく」、（中略）「（豚は）其皮も毛も腸《はらわた》も脂肪《あぶら》も血も一として棄てられず、悉く工業製品食料品となる」

より具体的には、大正から昭和にかけて（一九二〇年代）の利用状況を、『日本食肉小売業発達史』（一九七一）から引用しておこう（ただし、聞きなれない部位は省略した）。

【牛の部位】	【用　途】
筋・靭帯	ラケット、綿打弓、楽器糸など
腎臓	食料、医薬
舌	瓶詰め、燻製
脳	食料、鹿皮のなめし用
尾	食料、骨スープ用

横隔膜	食料、缶詰
心臓	食料
大動脈	食料
肺臓	食料
肝臓	食料、医薬
胆嚢	食料、膠《にかわ》
胆汁	工業用
胃（筋織膜）	食料
胃（粘膜）	食料、医薬、革製品代用
大腸	食料、蝋脂、気嚢・密栓用
小腸	ソーセージ用、蝋脂
腸の脂肪	蝋脂、グリセリン
生殖器	食料、医薬
膀胱	氷嚢《ひょうのう》
脾臓	医薬
血	医薬

屠場には、これらの材料を求めてさまざまな人々が訪れた。戦中から戦後にかけてのその様子を、『屠場文化』（桜井厚・岸衛編、二〇〇一年）は次のように紹介している。

「皮の鞣し業者や、太鼓皮をもとめる太鼓屋、ヘットを卸す油問屋、石けん工場の仕入れ方、骨粉や油粕をあつかう肥料屋、農家、園芸家、角や爪の細工屋、筆や刷毛《はけ》の製造元、製薬会社、天肉やスジ肉、油粕などの各種行商人、それらを直接買いに来る近隣住民たち、そして病人、さらに、韓国・朝鮮人のホルモン業者など」

まさに「〝牛を丸ごと活かす文化と呼ぶような〟安価な労働力を前提にした、手作業によって成り立ってきた文化」であった。そして、牛を解体して無駄になるのは「モーという鳴き声だけ」であったと伝えられている(2)（前掲書）。

図２－５　昭和初期のヤキトリ（モツ焼き）屋
（『食道楽』昭和５（1930）年７月号、芳垣青天「ヤキトリ問答」）
駅近くの踏み切り脇の店だろうか。大きな暖簾を下げ、屋根からは煙と臭いが立ち上り、周辺に犬がたむろする。客が、チューインガムのようなモツを吐き出すと、犬がすぐに始末してくれた。

（２）焼き鳥とモツ焼き

こうして得られた牛豚の内臓の、もっとも目立った活用先がモツ焼き（ヤキトリ）であった。そこでこの料理について、もう少しくわしく見ていくことにしよう。

モツ焼きの流行

ヤキトリ（焼き鳥）に、牛豚のモツ（内臓）が使われたことは前述した。だがなぜモツ焼がヤキトリ（焼き鳥）と呼ばれたのだろう。それは鳥の代用に、牛豚の内臓が使われたためだった。昭和五（一九三〇）年刊の、『古今いかもの通』（河原萬吉）から見てみよう。

「新橋、銀座、神楽坂、神保町、道玄坂に宇田川町と、いやしくも夜店の出るところならどこでも、前にうす汚れた木綿の大暖簾（？）をさげた屋台店、暖簾には、まずい大きな字でやきとりと書いてある。（中略）このやきとりなるものの正体は、実は豚の五臓六腑なのである。（中略）東京人には、少なくとも夜店のファンにとっては、やきとりの正体がこれであることは知れ切つた事になつて終つてゐる」

昭和の初め頃にはこのように、豚の内臓の串焼きをヤキトリと称して売る屋台が、東京の飲み屋街にくまなく進出していたのである。

焼き鳥は高級料理

ヤキトリの材料はもともと鶏のおとし（不要部分）を使っていたのに、なぜ牛豚の内臓に代わったのだろう。それを知るための手始めとして、今日の焼き鳥屋について調べてみたことがある。するとそれらは、次のような系統に分類できることがわかった。

①小鳥焼き屋の系統

江戸時代からあり、スズメやウズラなどの小鳥の串焼き（小鳥焼き）をメインに売る店。今日ではほとんど見かけなくなった。

②鳥屋の系統

明治になって出現。シャモ鍋などの鶏料理を提供する店で、かつては高級料亭であった。今日でもその面影を残す店や、戦前から続く老舗が残っている。

③ヤキトリ屋・モツ焼き屋の系統

モツのヤキトリ屋を源流とする系統。戦後の大流行で全国に広がり、今日の焼き鳥店の主流になった。戦前や敗戦直後には牛豚のモツを主体にしていたが、戦後に鶏肉が安価になったことで、多くが鶏肉を主体とする店になった。今日見られる店は比較的に新しく、古いものでも闇市時代までしかさかのぼれない。

戦後に③の系統の店が主流を占めたため、「焼き鳥店は大衆的」というイメージがすっかり定着したが、戦前には高級な店も多かった。特に②の系統の店は格式が高く、「例えば大店の人が食事に行くと、番頭さんは牛肉料理で、旦那さんは鳥料理」（「〝焼きとり〟〝串揚げ〟を楽しむ百科」『料理と食シリーズ20　焼きとり　串かつ　串料理』一九九六年）であったという。だが、旦那さんが格の高い鳥屋で、番頭は格が下がる牛鍋屋というのは、いったいどういうことだろう。どうにも不可解に思えるが、鶏肉と牛肉の価格を比べると合点がいく。当時の鶏肉は、牛肉よりも高価であったのだ。

筆者の調べでは、鶏肉の価格は牛肉と比べ、一九一一年が一・七五倍、一九二〇年が一・四倍、一九二四年が一・六二倍と、驚くほどの差があった。つまり鶏肉は、「食肉中で最高のものとされ、（中略）ハレの日の食材であった」（宮崎昭『食卓を変えた肉食』一九八七年）。

かつてのこの常識が崩れ、牛肉が鶏肉の価格を上回るのは、昭和三十六（一九六一）年以降のことだった。肉の消費が戦後に大幅に増加し、それにともなって牛肉が高級肉としての地位を獲得していったのに対し、鶏肉はアメリカから導入されたブロイラーが大量飼育されたことで、価格が大きく低下した。こうして鶏肉の高級イメージがウソのように霧散し、「鶏肉は安い」という感覚が私たちの常識に組み込まれていった。

内臓もこれと同様で、かつては鶏が高く、牛は安かった。しかもその価格差は肉よりもずっと大きく、鶏が牛豚の倍、もしくはそれ以上にもなった。そのため焼き鳥の材料を、鶏のモツから牛豚のモツに代えると、原価が大幅に下がる。しかもおいしい。こうして牛豚の内臓を使ったヤキトリ（モツ焼き）が普及する。

価格差の理由

鶏肉が高かったのはなぜだろう。

一つには、供給量に原因があった。もともと鶏は庭先で飼育されており、大量飼育する体制にはなっていなかった。また、供給量以外にも原因があった。昭和九（一九三四）年刊の『日本食物史』（足立勇）を見ると、「軍鶏《しゃも》・家鴨《あいがも》は、婦人や通客、或は肉は欲しいが四足はいやだといふ人に喜ばれた」とある。当時はこのように「四足はいやだ」という考え、つまり獣肉に対する「穢《けが》れ意識」が強く残っていた。このため鶏肉は、供給量が少ないのに需要は多く、牛豚の肉は、供給量に比して需要が低調であった。鶏肉と牛豚肉の価格差はこうして現出したのである。

一方で、内臓に対する穢れ意識は、肉以上に強かった。その例を、明治三十八（一九〇五）年五月十日の、山梨県下の牛肉及び牛腸の販売についての記事（『風俗画報』）からかいま見てみよう。

「（牛肉売りは）岡持（取っ手と蓋のついた平たい桶…引用者注）などに牛肉を入れ僻地まで各戸を訪れ販売し、また牛腸売りは背負篭に入れ他聞を憚る低音で売り歩く、意外に買い手多し」（『日本食肉史年表』から再引用）

牛の腸を売る人が、「他聞を憚りながら低音で売り歩く」のは、穢れ意識のためだろう。また、「意外に買い手多し」とあるのも興味深い。穢れ意識にも本音と建前があったのかもしれない。

穢れ意識の強い牛豚の内臓はなかなか普及しなかったが、穢れ意識のない鶏の内臓はそれとはまったく異なっていた。たとえば、料理雑誌『料理の友』（昭和十二（一九三七）年二月号）掲載の学校給食（小学児童用）の献立に、鶏のモツ料理が登場するが、これは鶏の内臓が、老若男女の区別なく、何のこだわりもなく食されていたことを示したものといえる。

モツ焼きの呼称と材料

再びモツ焼きの話に戻ると、牛豚のモツ焼きでありながら、ヤキトリという名前を使うのは、高級なものの名を借りて安物を売るようにも解釈できる。今日でいう不当表示である。これは当時も問題になったようで、先の『古今いかもの通』には次のように記されている。

「震災後（関東大震災：一九二三年…引用者注）、やきとりでは名称に偽りがあるから、やきとんにせよとの厳命が下つたとか下らぬとか云ふ話で、一時やきとんと書換へたのもちよいちよい見受けられたけれども、今日ではもとに戻つて相も変わらずやきとりと称してゐる店ばかりが眼に立つ」

偽りの名を改めようとしたものの、結局は高級イメージのある〝ヤキトリ〟の名を捨て切れなかったようだ。

『広辞苑』の「焼き鳥」の項を見ると、「鳥肉に、たれ・塩などをつけてあぶり焼いたもの。牛・豚などの臓物を串焼きにしたものにもいう」とある。この短い文に、焼き鳥の歴史が凝縮されているようにも感じられる。

（3）ホルモン料理と内臓食

これまで内臓食の話をしてきたが、それにはホルモン料理の話を避けて通るわけにはいかないだろう。そこで戦前にも盛んであったこの料理の歴史を、内臓食とからめながら見ていくことにしたい。

ホルモン料理とは何か

牛豚のモツ（内臓）を焼くとホルモン焼き、鍋に入れるとホルモン鍋、うどんに入れるとホルモンうどんと言う。ここからホルモン料理とは、牛豚の内臓を使った料理ということになる。ところが四十年ほど前には、これとは異なる解釈が示されていた。一九七一年刊の『食通入門』（植原路郎）から見てみよう。

「ホルモンは分泌腺、つまり副腎、甲状腺、生殖腺その他の分泌腺から分泌される。そこで、それらの本源たる臓器を料理して食べて強精の目的を達しようというのが目的である。魚の何だとか、豚の何だとか、マムシ料理だとか、なかなかうるさい。（中略）煮るよりも焼く方が精分を失わないと、各種の臓器を焼き〝ホルモン焼き〟と称して、赤暖簾を風に舞わせているいわゆる大衆食堂もある」

これによると、ホルモン料理の〝ホルモン〟は医学用語の〝内分泌物質〟のことで、ホルモン料理は「魚・豚の臓器やマムシなど」の料理ということになる。また、〝ホルモン焼き〟は「赤暖簾《あかのれん》を提げた大衆食堂の料理」とあるように、一杯飲み屋のモツ焼きを指している。

今日の意味とはずいぶん違うが、筆者のかすかな記憶でも、ホルモン料理とはスッポンやヤツメウナギなどを使ったように思う。

誤解されたホルモンの語源

また一説では、戦後の闇市時代に日本人が食べずに捨てていた牛豚の内臓を、朝鮮人が拾って商売をしたことから〝放《ほ》るもん〟（大阪弁）と呼ばれ、これが転じて〝ホルモン〟になったともいう（以降、「ホルモン＝放《ほ》るもん」説という）。この説は、語呂合わせの面白さも手伝って広がり、「日本人は牛豚の内臓を食べずに捨てていた」とする説と相まって、定説のように取り扱われるまでになった。

しかしこれまで述べてきたように、「日本人は牛豚の内臓を食べずに捨てていた」とする考えには根本的な誤りがあり、これを基に論を進める従来の焼肉史にも問題がある。そこで筆者は、その誤りをただすべく拙書『焼肉の文化史』で徹底的に検証したが、幸いなことに新聞や雑誌の書評に数多く取り上げていただき、小さいながらも一石を投ずることができたと思っている。

さらに幸運なことに、フジテレビの人気番組「トリビアの泉」（二〇〇七年に放送終了）にも拙書『焼肉の文化史』が取り上げられ、判定役のタモリが「〝ホルモン〟の語源が〝放《ほ》るもん〟とする説は「ガセ」（うそ、でたらめ）」とコメントし、これが全国に流された（二〇〇六年三月十五日）。それ以来、「ホルモン＝放《ほ》るもん」説や「日本人は牛豚の内臓を食べずに捨てていた」とする考えは、一気に影を潜めたようにみえる。

この一件は、マスメディアの影響力の大きさを、そのなかでも特にテレビの人気番組の凄さを再確認させてくれた出来事であった。そして筆者自身も、内臓食についての認識を広めることに参与できたことをうれしく思っている。

「ホルモン＝放《ほ》るもん」説の話に戻ると、ホルモン料理が「滋養強壮料理」を意味する時代に、「ホルモン＝放《ほ》るもん」説が生まれたと仮定しよう。そうすると滋養強壮料理に使う材料が、「放《ほ》るもん」だったことになる。だがそれらは古来より珍重されてきたものばかりで、決して「放《ほ》るもん」ではなかった。つまり「ホルモン＝放《ほ》るもん」説が誕生するためには、ホルモンの意味が「滋養強壮」から「牛豚の内臓」に変わっていることが絶対条件になる。そして実際に、この説が誕生するのは「ホルモンとは牛豚の内臓のこと」という考えが浸透する、一九七〇年代に入ってからのことであった。

その背景には、在日韓国・朝鮮人（一世）の存在を無視するわけにはいかないだろう。彼らの多くは、朝鮮では高くて手に入りにくい内臓が信じられないほどに安価に手に入った経験から、「日本人は内臓を食べずに捨てる」と信じたようだ。つまりこの説のベースには、日韓の食文化の違いから生まれた誤解があったとみることができる。だが、それだけで広がったわけではない。その決定的な要因はもちろん、大阪弁の「放《ほ》るもん」と「ホルモン」の語呂合わせの面白さにあった。

「ホルモン＝放《ほ》るもん」説がワッとばかりに広がると、「日本人は牛豚の内臓を食べずに捨てていた」とする考えが日本人にも広がり、これが定説のように取り扱われるようになる。するとそれによって、これまであった「牛豚の内臓は食べるもの」とする妥当な考えや、「ホルモン料理のホルモンは医学用語」とする正当な認識がかき消されてしまうのである。つまり正しい認識が、新しく生まれた俗説に飲み込まれてしまったことになる。

よく考えてみると、こうした現象はこの例に限らないような気がする。根拠のない魅惑的な話やおもしろい話にワッとばかりに飛びつきあらぬ方向に走るのは、これまでも繰り返されてきたことではなかろうか。そしてこれも、日本社会に内在する欠陥のひとつと思われるのだが、はたしていかがなものだろう。

〝ホルモン〟の発見と〝ホルモン商品〟の出現

以上でみてきたように、料理としての〝ホルモン〟の語源は、「放《ほ》るもん」ではなく医学用語のホルモン（内分泌物質）であった。そこでこの研究の歴史について、少しだけひもといておこう。

・ドイツのベルトルドが一八四九年に、鶏の睾丸から分泌される化学的物質が性的な発育を促すことを発表。これ以降、甲状腺や副腎のホルモン研究が展開される。

・フランスのブロン・セカールが一八九一年に、自身に犬の睾丸のエキスを注射して非常に若返ったと発表。この実験は多分に自己暗示によるものであったが、これを契機にホルモン研究が盛んになる。

・ロンドン大学のスターリングは一九〇五年に、これらの物質に〝ホルモン〟という名を使うことを提唱する。

・ドイツのツォンデックとアシュハイムが一九二八年に、尿による妊娠の早期診断法を発表。これによってホルモンが、それまで以上に世間に注目される。

このような動きに人々は敏感に反応した。街にはホルモンを売物にする料理店が続出し（魚谷常吉『長寿料理』一九三六年）、商店にはホルモン入りの薬品や化粧品が並んだ（『モノになる動物のからだ』）。商標にもホルモンの名が取り込まれ、大正十三（一九二四）年に〝オバホルモン（OVAHORMON）〟（あすか製薬）がホルモン剤の名称として登録された。

これらはいずれも一九二〇年代の出来事であったが、まさにホルモンブームの到来といえよう。

第一次ホルモン料理ブーム

この時代（一九二〇年代）に若き日々を送った食の研究家・多田鉄之助（一八九六〜一九八四年）は、ホルモン料理の流行について次のように述べている。

「精力を増進するものをホルモン料理ということが、大正の中ごろから昭和の初めにかけて流行語となり、一般に用いられた。鶏の肝臓や砂キモ、睾丸などを生で食べさせて、これをホルサシといった。こうなると、字引にも出て来ない新語である。玉子、納豆、山のイモ、動物の内臓などを広くホルモン料理といった」(『続たべもの日本史』一九七三年)

この流行を私は、「第一次ホルモン料理ブーム」と名づけている。

ではホルモン料理には、どんなものがあったのだろう。その一端を知るために、魚谷常吉の『長寿料理』を参考に、ホルモン料理に使用されたと推定される素材類を示しておきたい。

動物性のもの:牛・豚の内臓(脳髄、肝臓、腎臓、心臓、肺、胃、睾丸)、犬・羊・オットセイの陰茎、鹿の角袋《つのぶくろ》、鹿鞭《ろくべん》、鶏の内臓(心臓、肝臓、胃、睾丸)、鶏・ウズラ・亀の卵、蛇、猫、山椒魚、スッポン、ウナギ、ヤツメウナギ、赤蛙《アカガエル》、魚類の内臓(白子、肝臓、胃)・卵、ウニ、海鼠腸《このわた》

植物性のもの:タラの芽、自然薯《じねんじょ》、とろろいも、ゴボウ、人参、シロキクラゲ、桃、ナツメ、マタタビ、冬虫夏草、朝鮮人蔘、いかりそう、ワカメ

だがこれらには、ホルモンとあまり関係のなさそうなものが多数含まれている。それはホルモン料理に、滋養強壮にかかわる東洋の知恵が反映されたためであった。

中国を始めとする東アジアでは、古来より不老長寿や強精などに効果のある薬材や食材の知識が豊富に蓄積されてきた。そのなかで育まれた滋養強壮料理が、流行のホルモン料理という「新しい衣」に着替えて巷に現れたのである。

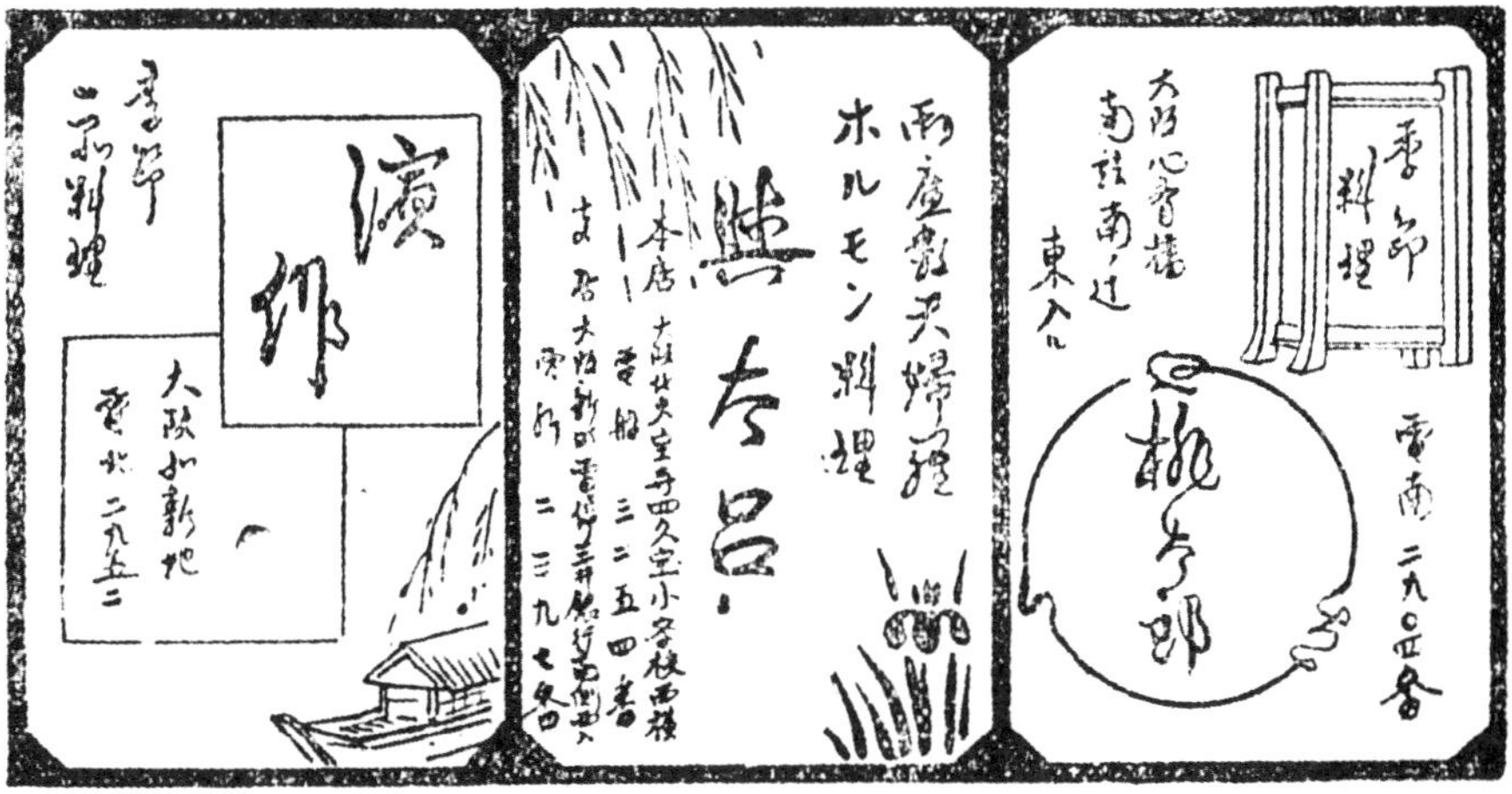

図２－６　ホルモン料理の広告（『食道楽』昭和10（1935）年５月号）
ジンギスカンで名を上げた大阪・船場の「興太呂」が、1935年からホルモン料理にチャレンジしている。この店のホルモン料理は、「牛の臓物一切を珍しい日本料理として作った」もの（坂本陽「大阪食味街漫策」『食道楽』昭和10（1935）４月号）。

第二次ホルモン料理ブームと内臓食

続いて一九三〇年代後半に、第二次ブームが起こる。

このブームは民間で起こったホルモン料理の人気に政府が便乗して、内臓食を普及させようとしたことによって増幅された。

そのけん引役のひとつが、昭和十一（一九三六）年秋に三十六日間にわたって東京芝公園の赤十字博物館で開催された「ホルモン・ビタミン展覧会」（日赤主催）であった。この催しの中で、ホルモン料理を奨励する講演や実演が、図２－７のように開催された。

講演会では医学博士・宮川米次が、「（実演で紹介した）ホルモン料理といふのは臓物料理であります。（中略）斯うしたホルモンを含んで居る臓物を上手に使って料理をやりますれば、大変に我々に大切な働きをするのであります」と述べ、ホルモン料理としての内臓料理を奨励した（日本赤十字社『赤十字博物館報』第十七号、一九三六年十二月）。

これより少し前の五月には、ホルモン料理を広めるための料理書『長寿料理』が刊行された。著者・魚谷常吉は、ホルモン料理を科学的な根拠に基づくものにしようと考え、従来

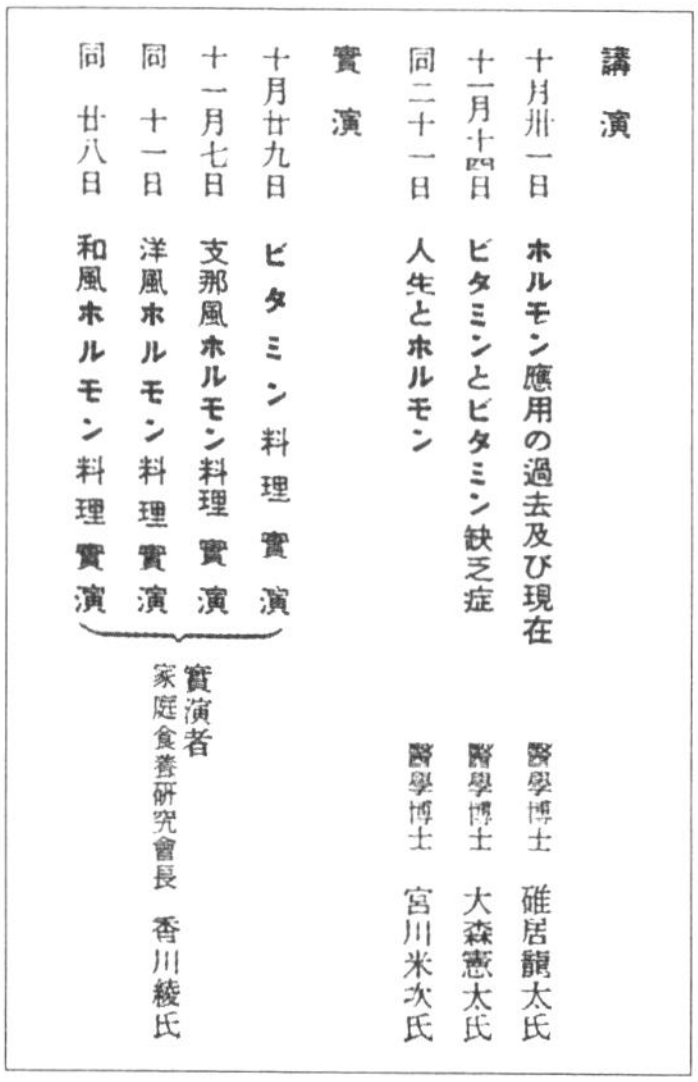

講演

十月卅一日	ホルモン應用の過去及び現在	醫學博士　碓居龍太氏
十一月十四日	ビタミンとビタミン缺乏症	醫學博士　大森憲太氏
同二十一日	人生とホルモン	醫學博士　宮川米次氏

實演

十月廿九日	ビタミン料理實演	
十一月七日	支那風ホルモン料理實演	
同　十一日	洋風ホルモン料理實演	
同　廿八日	和風ホルモン料理實演	

實演者　家庭食養研究會長　香川綾氏

講演と実演の題目

ポスター

ホルモン料理の実演状況

図２－７「ホルモン・ビタミン展覧会」
（日本赤十字社『赤十字博物館報』第17号、昭和11（1936）年12月）

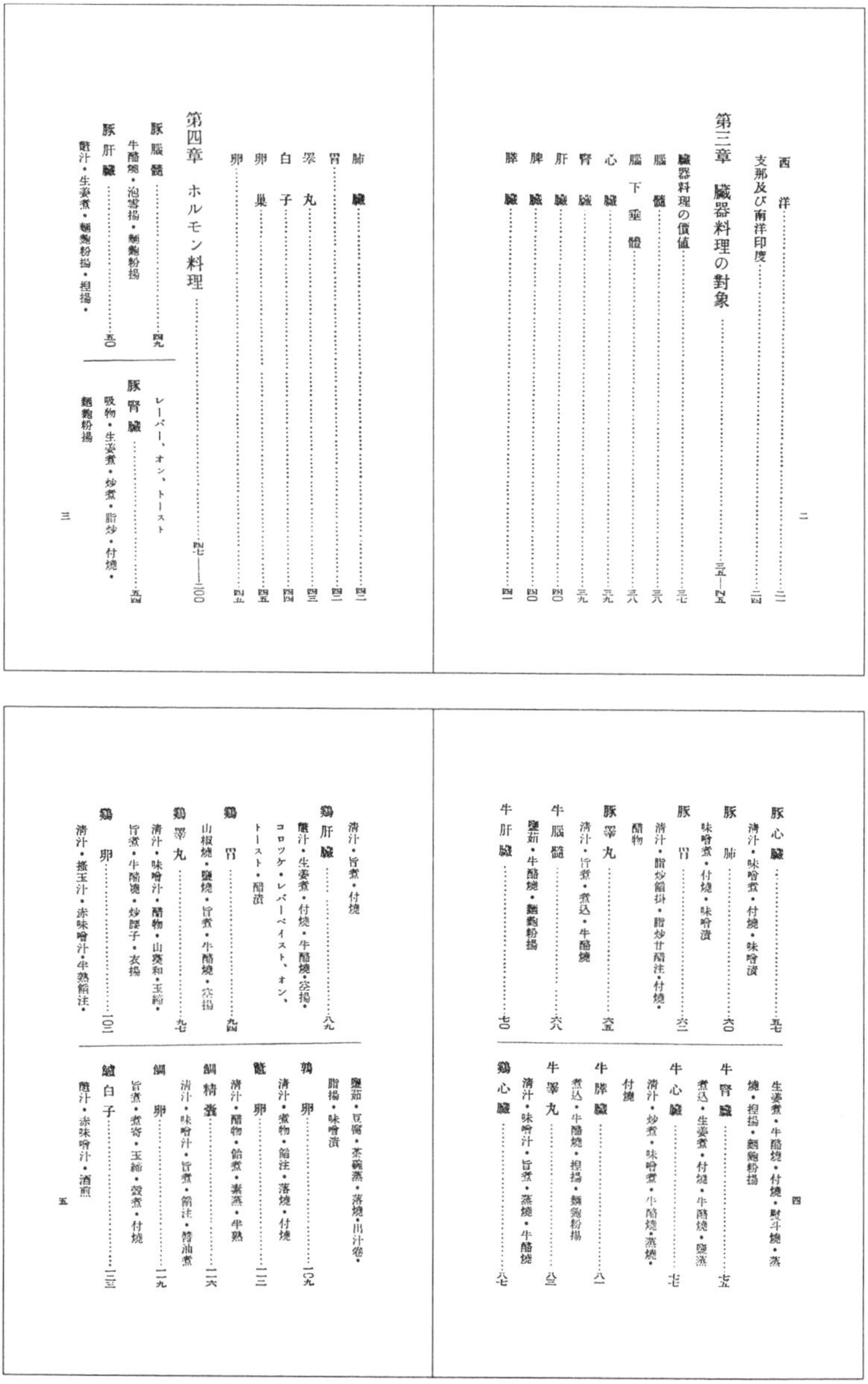

図２－８　料理書『長寿料理』の目次（昭和11（1936）年刊）
第四章に、ホルモン料理が多数収録されている。

のホルモン料理を、ホルモンを含む料理（「ホルモン料理」）と、ホルモンは含まないが強壮に効果のある料理（「強壮料理」）に分けることを提唱し、ホルモン料理には鳥獣や魚の内臓料理をあてた。

このブームに呼応して、主婦向けの料理雑誌『料理の友』にも、次のような記事が掲載された。

［時　期］	［表　題］
昭和十一（一九三六）年九月号	「ホルモン野菜料理」
昭和十二（一九三七）年一月号	「長寿料理」（料理書『長寿料理』の紹介記事）
昭和十二（一九三七）年二月号	「ホルモン支那料理」
昭和十三（一九三八）年三月号	「味覚栄養ホルモン材　鳥類料理」
昭和十四（一九三九）年三月号	「総合ホルモン西洋一品料理」
昭和十五（一九四〇）年二月号	「健康増進ホルモン料理」

このブームの一端は、『古川ロッパ昭和日記　戦前編』からもかいま見ることができる。

「林・掘井・石田で山水楼へ、三円の定食珍しいものが出てよろしい。豚のホルモンてのが出たら、それッと皆ハリキった」（昭和十一年十月十七日付）

ここでいう「豚のホルモン」とはすなわち、豚の内臓料理のことだろう。

第二次ブームはこのように、牛・豚・鶏や魚類の内臓や卵を使った料理に重きが置かれたのが特徴であった。

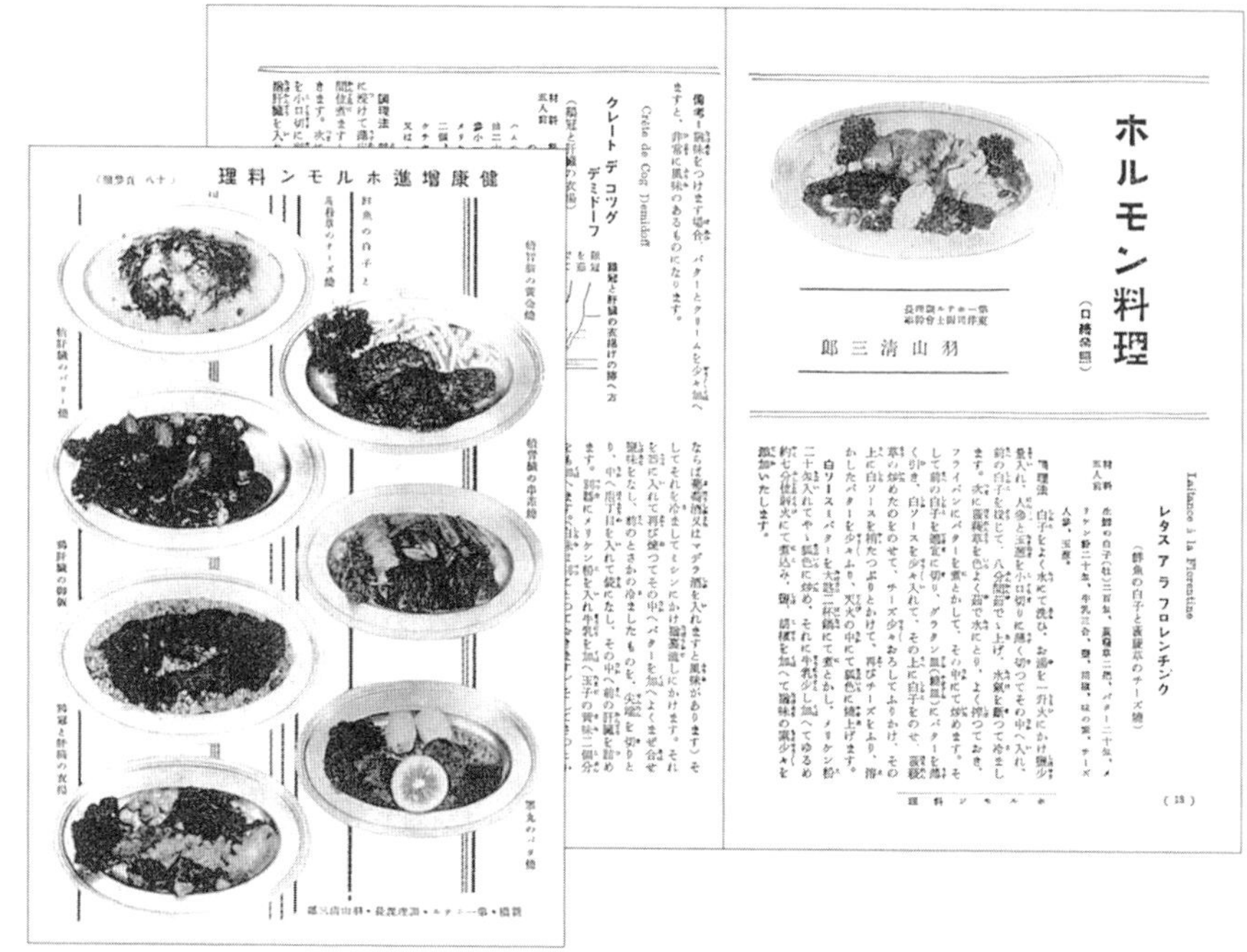

図2－9　『料理の友』「健康増進ホルモン料理」の記事（昭和15（1940）年2月号）
牛・鶏・魚の内臓を使ったフランス料理が紹介されている。ホルモン料理はこのように、高級な西洋料理のイメージも併せ持っていた。

牛の内臓をホルモンと呼ぶことが始まる

第二次ブームによって、「ホルモン料理とは動物や魚の内臓料理」という考えが広まるのに先んじて、牛の内臓料理をホルモン料理と銘打って売り出す人物が現れる。

一人は図2－6の広告主である「輿太呂」の主人で、もう一人が〝ホルモン料理の登録商標〟の取得者とされる北極星産業（大阪の飲食店チェーン）の創業者・北橋茂男である。そのうち、後世に話題を残す活躍を見せたのが、北橋であった。

氏の自伝によると、大阪のお好み焼きの元祖となる〝洋食焼き〟や、オムレツとライスを組み合わせたオムライスを考案したとあることからすると、創意工夫に長けた人物であったといえる。その北橋が、ホルモン料理を始めた頃のいきさつを次のように述べている。

「私が料理にホルモンという名前をつけて売出したのは今から十八年前（一九三六年頃…引用者注）であります。その頃ホルモンという言葉が使われていたのは化粧品か薬品であって、料理にそういう名前をつけるのはどうかという意見もあつたが内臓料理にホルモンが含まれていることは間違ない。そこで食料品加味品（四十五類）でホルモンという名の登録商標を受けて売出したのですが意外に反響をよび物凄い人気でした。それ以来ホルモンという名が全国的に普及し、内臓の代名詞のようになつて（中略）、デパートまでが内臓をホルモンと書いて売るようになりました」（『幸福は食物によって左右される』一九五六年（第三版））

北橋がホルモンと銘打った料理を売り出すのは、第二次ホルモン料理ブームが始まる頃だから、ホルモン料理はすでに存在していた。にもかかわらず、「その頃ホルモンという言葉が使われていたのは化粧品か薬品であって、料理にそういう名前をつけるのはどうかという意見もあつた」とあるのはなぜだろう。

実はこれは商標登録の話であって、化粧品や薬品には「ホルモン」の入った商標が登録されていたが、食品ではまだなかったのである。そこで北橋は、「食料品加味品（四十五類）」を対象に、「ホルモン」の名の入った商標を申請する。(3)

その時の状況を述べたものが先の文と思われる。ところがその前後に、ホルモン料理そのものの話をかぶせたため、あたかも自身が〝ホルモン料理〟の考案者のような話しぶりになってしまっている。

商標に話を戻すと、北橋はこの商標を一九三七年に出願し一九四〇年に登録を受けているが、その内容は図2－10のとおりであった。

これを見ると、商標は「P北」と「ホルモン」を組み合わせた図案で、使用対象（指定品目）は「牛から抽出したホルモンを含有させた味噌、なめもの、佃煮、魚獣、魚貝類、味噌漬、粕漬、塩漬、デンブ類、塩辛、寿司および弁

商標検索システム 詳細印刷　　　　様式：全項目
99/03/24 15:07:57

商標登録０３３４８５２　　　　（ 1/ 1 ）
登録日　[S15.09.16]　登録公報発行日　[. .]
公告昭15-004732　[S15.05.23]
出願昭12-005539　[S12.03.13]　先願権発生日　[S12.03.13]
更新平02-212490
更新申請年月日　[. .]　更新登録日　[H02.12.21]
存続期間満了日　[H12.09.16]　分納満了日　[. .]
公開状況　公開　拒絶査定発送日　[. .]
最終処分　[. .]
出願種別
法区分　２
商標　北∞ホルモン
標準文字商標
権利者　北極星産業株式会社
大阪市中央区難波３丁目５番１７号
異議申立人

異議申立人代理人

重複番号
付加情報
審判記事
出訴／上告
称呼　ホルモン，キタホルモン，キタ
旧類　書換申請　書換登録日　[. .]
類似群　31A01, 32F01, 32F06, 32F12
指定商品　〈区分：45〉
/役務　牛ノ臟器ヨリ抽出シタル「ホルモン」ヲ含有セシメタル味噌、嘗物、佃煮、鳥獣、魚貝類、味噌漬、粕漬、塩漬、田麩類、塩辛、寿司及弁当

図２－10　北橋茂男の取得した〝ホルモン〟商標の登録状況

これが〝ホルモン料理の登録商標〟とされてきたものの正体である。商標は、「Ｐ北」と「ホルモン」を組み合わせた図案（右ワクの図）で、Ｐは当時の店の名「パンヤの食堂」のアルファベットの頭文字、北は北橋からとったものとみられる。そして商標の使用対象は、牛のホルモンを添加した加工食品類であって、ホルモン料理ではない。

当」となっている。つまり、牛のホルモンを添加した加工食品に対し「Ｐ北・ホルモン」の図案を使用するという内容であって、ホルモン料理の商標であるかのような文言はどこにも見あたらない(4)。

それでも北橋は、これをホルモン料理の商標と位置づけ、「世界で初めて料理にホルモンと名付けた」というキャッチコピーを作り、盛んに宣伝に利用した（図２－11）。

ところが宣伝を続けるうちに、自身も「世界で初めて料理にホルモンと名付けた」と信じ込むようになっていったようだ。そしてことあるごとに、その自慢話を吹聴してまわるようになったと思われる。

こうしてうわさが広がってゆき、ついには北橋が〝ホルモン煮〟なる登録商標を取得したとする本まで現れる。そして北橋が、医学用語のホルモン（内分泌物質）を料理名に採用し、ホルモン料理を生み出した最初の人

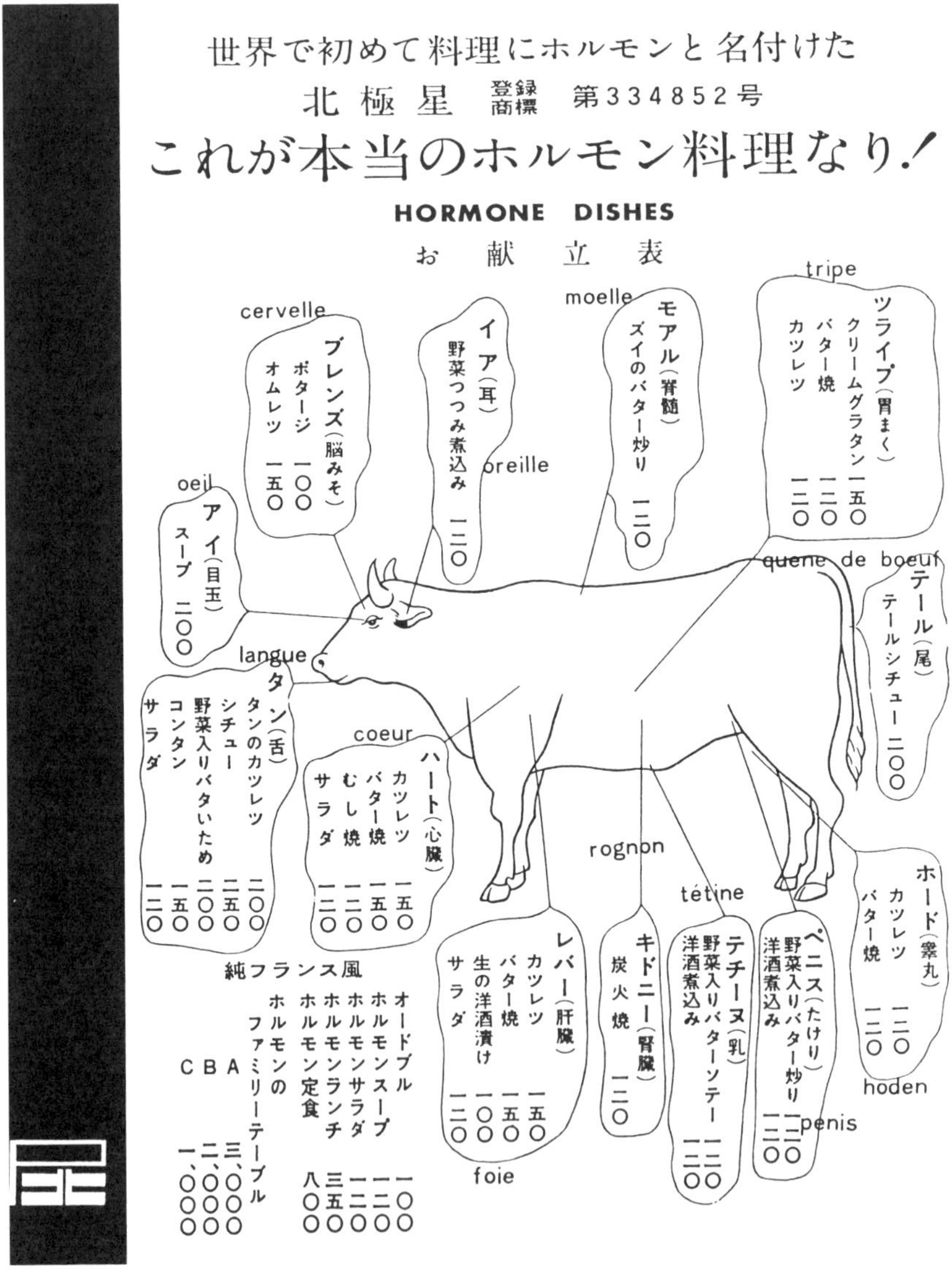

図2―11　ホルモン料理の登録商標取得を誇示するメニュー
「世界で初めて料理にホルモンと名付けた」、「これが本当のホルモン料理なり！」とある。上部に図2-10のものと同じ登録商標番号が記されている。

物（元祖）とする考えが広がっていく。

しかし〝ホルモン煮〟なる登録商標は存在しない。それなのになぜ、この名が現れたのだろう。それは伝言ゲームのようにうわさが伝わるうちに、〝ホルモン煮〟なる実体のない料理名が生まれ、それをそのまま本に載せたためと思われる。つまり単なるうわさ（伝聞）が検証されることなく発表され、いくつもの本に引用・紹介されるうちに[5]、事実として認識されるようになったのである。なんともお粗末な話ではなかろうか。

話を戻すと、北橋はホルモン料理の創始者でもなく命名者でもない。あくまで北橋は、第二次ホルモン料理ブームの到来を察知して、「ホルモン料理の元祖」というキャッチコピーを掲げて成功した、やり手の商売人ということになる。

だがここで見落としてはならないことが一つある。それは「輿太呂」の主人や北橋が、牛の内臓料理をホルモン料理と呼んだことだ。

もともとホルモン料理とは滋養強壮料理を指す言葉であったが、魚谷常吉は鳥獣や魚の内臓料理に限定してその名を使うことを主張し、それと相前後して、大阪の北橋らが牛の内臓をホルモンと呼ぶことを始めたのである。今からすれば当たり前な話だが、それが確立されていない当時としては、画期的な命名だったと思われる。

この命名は当たり、北橋によると、フランス料理風に仕立てたホルモン料理は、「物凄い人気」を博し、その人気に便乗してデパートまでが牛の内臓をホルモンと書いて売るようになった（前掲書）という。

のびしょうじの『食肉の部落史』（一九九八年）によると、戦前の大阪で、牛の内臓をホルモンと呼んだことが記されている。大阪ではこのように、他の地域に先駆けて牛の内臓をホルモンと呼んだが[6]、それは北橋らの活動に負うところが大きいと考えられる。

（4）内臓の焼肉料理

日本の内臓焼肉料理

これまで日本人の内臓食について見てきたが、そこには内臓を焼いた料理も登場した。そこでこれまで述べたものを含め、戦前期の内臓焼肉料理に使われた動物類をリストアップしておこう。

伝来料理として：熊・鹿・猪・兎などの獣類や鶏など（野生の獣が主）

西洋・中国料理として：牛・豚・羊・鶏など（家畜・家禽）

ホルモン料理として：牛・豚・鶏や獣など（家畜・家禽や野生の獣）

このようにさまざまな内臓が使われたが、牛豚のモツ焼（ヤキトリ）を除くとあまり表に現れることがなかった。それは内臓が、肉よりも腐敗しやすいためと考えられる。

生の内臓は保存が難しく、そのため焼いて食べられたのは、狩猟場所や屠場近く、あるいは寒冷な時期に限られた。つまり冷蔵設備類の普及が十分でない時代にあっては、自由に生の内臓を焼いて食べることができなかったのである。これは、戦前の屋台などの小規模店でも同様であった。冷蔵設備の備えがないこれらの店では、内臓が手に入るとすぐに調理したり湯がいたりして、保存がきくようにしなければならない。そのためモツ焼きは、湯がいておいたものを付け焼きにした。ところがこの料理法がかえって人気となり、内臓焼肉料理としては例外的にたくさんの記録を残すことになった。

モツ焼きが人気を得たのは、客の前で香ばしい匂いをふりまき、焼きたてをほうばる形式を取ったことと、価格が手ごろだったことにある。しかも立ち食い式やカウンター式でもＯＫで、屋台にぴったりの料理であった。

在住朝鮮人による内臓焼肉料理

一方で、朝鮮人が日本に持ち込んだ内臓焼肉料理もあった。その代表がトンチャン焼きで、朝鮮人が働く戦前期の飯場でよく作られた。金文善の自伝『放浪伝―昭和史の中の在日』（一九九一年）から紹介しよう。

図2―12　牛もつの塩焼き（コプチャンクイ）
（廉楚愛編『手軽に作れる韓国料理』高麗書林、1976年）
小腸（コプチャン）は開かずにチューブ状のまま焼き、塩やトウガラシ味噌（コチュジャン）をつけて食べる。

「トンチャン（大腸）は同国人が一斗缶に入れて自転車で売りにきていた。（中略）生で食べられるのはそのまま食べる。生で食べるときには、今の焼肉店で食べているあんな上品なものではない。ふつうの荒塩が調味料になり、塩をちょこんとつけただけで、口一ぱいにほうりこむ。焼肉のときは、これはもう戦場のようになる。かんてき（七輪）も四個ぐらい用意する。それぞれがかんてきを囲むが、同じ朝鮮語でも飯場言葉は荒っぽいし声も大きい。これらがかんてきを囲んでワイワイ奇声を発しながら、ドブロクをあおる」

トンチャン（똥창）とは腸の特定の部分を指す言葉だが、日本では範囲が少し広がり、大腸の意味で使われる。焼き方は、ハングル大辞典（『새우리말 큰사전（新国語大

辞典)』一九八五年)に「トンチャンは塩を塗って焼いて食べる」とあることから、日本の飯場もこれと同様だったと思われる。ちなみに朝鮮・韓国では、小腸(コプチャン)も同様に料理する(図2-12)。

また、醤油やニンニクで味付けしてから焼くものもあった。戦後の記録になるが、角田猛の『いかもの　奇味・珍味』(一九五七年)から引用しよう。

「牛や豚の腸や食道のような組織の薄いところをよく洗って水を切り、一口くらいの大きさに切って丼やボールにとる。別に醤油と味噌を半々に合わせ、おろしたニンニク、粉唐辛子、砂糖をごく少し混ぜたタレを作り、前のモツにかけて掻きまわして暫くおく」

トンチャン焼きは焼きながら食べるという点で、内臓焼肉誕生の一歩手前の段階にあったといえる。しかしこれは、新鮮な内臓がたまたま手に入ったときだけのごちそうであって、店舗で日常的に提供できるようなものではなかった。

戦争の激化と内臓の販売統制

戦争が激化し食料不足に陥ると、各方面に広がりつつあった内臓食にも変化が訪れる。

まず昭和十四(一九三九)年に、価格等統制令が公布される。次いで昭和十六(一九四一)年に、食肉配給統制規則が公布され、肉や内臓の生産、流通、配給が統制される。さらに同年十月に「肉類ノ最高販売価格」(農林省告示七八二号)と「牛及豚ノ内臓等ノ最高販売価格」(農林省告示七八三号)が告示され、肉類だけでなく、牛・豚の内臓価格まで統制された。

話が横道にそれるが、筆者がこの告示(図2-13)を見たのは十年ほど前のことだった。それを見た瞬間、私は自

◉農林省告示第七百八十三號

價格等統制令第七條ノ規定ニ依リ牛及豚ノ内臓等ノ最高販賣價格左ノ通指定ス

昭和十六年十月二十日

農林大臣　井野　碩哉

一　牛ノ内臓等

(一)一頭分最高販賣價格(屠場渡)

等級	販賣價格
一等	四〇圓
二等	三〇
三等	二五
四等	二〇

(二)小分賣最高販賣價格(賣主店先渡)

種別	單位	販賣價格
頭肉	一〇〇匁	五五錢
尾肉	〃	五五
横隔膜	〃	五五
舌	〃	五五
脂肪	〃	三〇
胃	〃	三五
肺臓	〃	三〇
肝臓	〃	五〇
心臓	〃	四五
小腸	〃	二五
腱	〃	一五
脳漿	一頭分	一七
脳下垂體	〃	二二
食道内膜	〃	一七
膽嚢	〃	四四
卵巣	〃	一七
甲状腺	〃	九
副腎	〃	二〇
睾丸	〃	二二
膀胱	〃	一七
脺臓	〃	五五
其ノ他ノ臓器	一〇〇匁	二〇

二　豚ノ内臓等

(一)一頭分最高販賣價格(屠場渡)

種別	單位	販賣價格
内臓	一頭分	二・八〇圓
頭	一箇	一・〇〇

(二)小分賣最高販賣價格(賣主店先渡)

種別	單位	販賣價格
肝臓	一〇〇匁	四〇錢
舌	〃	四〇
心臓	〃	四〇
胃	〃	二六
脺臓	〃	八〇
十二指腸	〃	三三
胃粘膜	〃	三〇
膀胱	一頭分	七
膽嚢	〃	八
睾丸	〃	一七
卵巣	〃	一一
脂肪	〃	二五
其ノ他ノ臓器	一〇〇匁	二〇

三　一ノ(一)ノ牛ノ内臓等一頭分ニハ横隔膜、腹脂、皮ヲ除キタル頭部、下肢及尾部ヲ含ムモノトス但シ腎臓及腎臓脂肪ヲ除ク

四　一ノ(一)ノ等級ハ日本食肉統制株式會社ノ定ムル所ニ依ルモノトス

五　一ノ(二)ノ胃、肺臓、小腸及二ノ(二)ノ胃ハ煮沸シタルモノノ價格ニシテ然ラザルモノノ價格ハ其ノ他ノ臓器ノ價格ニ依ルモノトス

六　脂肪トハ腹脂、腎臓脂肪、肉脂肪其ノ他ノ脂肪ヲ謂フ

七　一ノ(二)及二ノ(二)ノ其ノ他ノ臓器ニハ煮沸シタルモノヲ含ムモノトス

八　本表價格ハ沖繩縣ニ於テハ之ヲ適用セズ

九　地方長官本表價格ノ範圍内ニ於テ別段ノ額ヲ指定シタルトキハ之ヲ適用セズ

図2－13「牛及豚ノ内臓等ノ最高販売価格」

（農林省告示783号、昭和16（1941）年10月20日公布）

分の目を疑った。「食べないはずの内臓の価格統制とはどういうことだろうか？」などと考えあぐねたものだった。だが「百匁当たりの小分け売り」とあるからには、食用と考えるほかにない[7]。「製薬用原料の販売価格のことだろう

この告示によって筆者は、内臓が、日本でも食べるものであったことを知った。これが筆者の内臓食調査の原点になり、それ以来、ことあるごとに内臓食に関する資料をあさるようになった。そういう意味で思い出深い資料である。

話を戻すと、先の内臓の最高販売価格はその後も改正が重ねられ、昭和十八（一九四三）年からは、牛・豚・鶏に加えて、馬・緬羊・山羊の内臓価格も統制された。この徹底した統制によって内臓は市場から姿を消し、内臓料理を扱う店もほとんどが門を閉ざしてしまうのである。

2　内臓焼肉の誕生

（1）内臓焼肉前史

戦後の食糧不足と闇市

敗戦は、人々の暮らしに大きな変化をもたらした。かつての植民地であった朝鮮や台湾からの移入米が途絶え、国内米は凶作に襲われる。そこに六百万人を越える引揚者が次々と帰還した。配給の遅配・欠配が続き、人々は買い出しなど自力で食料を調達するほかになくなった。

そこに出現したのが闇市であった。闇市とは、駅周辺の空地や焼け跡などにできた市場で、もろもろの統制品や横流し物資（旧軍の隠匿物資や進駐軍の物資）がヤミで売買され、物不足・食糧不足にあえぐ人々でごったがえした。

闇市にはあらゆるものがあり、食べ物では「薩摩いもをすりつぶした餡を入れたまんじゅう、ふかしいも、イカの丸煮、ナマいわしの丸焼き、いも羊かん」（加太こうじ『衣食住百年』一九六八年）などが売られた。飲食店には、すし

図２－14　大阪・鶴橋の露天の闇市（1945年10月）（提供　朝日新聞社）

図２－15　東京・新宿のよしず張りのマーケット（1945年10月）（提供　朝日新聞社）
この市場には日用品が並んだ。看板にテキヤ「関東尾津組」の文字が見える。

屋、焼き鳥屋、お好み焼屋、おでん屋、カストリ焼酎屋などがあった。

モツ料理の復活とホルモン焼き

肉は、食肉配給統制規則の廃止（昭和二十（一九四五）年十二月）によって生産・流通が自由になった。しかし、価格統制は継続されたため、ヤミに流れ高騰した。

それでも闇市では、精肉よりも内臓のほうがよく出回った。一頭の牛から取れる内臓の量は精肉よりずっと少ないのに、内臓のほうが多かったのはなぜだろう。その理由は、敗戦直後当時の屠場関係者の聞き書きから知ることができる。

「急に韓国人が半減したもんやさかいに、ほれで、売れんで困ったこともあったわ、いっとき。ほれから、ほんで、ホルモン屋いう、ほんなんが、いろいろできかけてきて、ほで、また、内臓が足らんようになりかけたわけや」（『屠場文化』）

事実、韓国・朝鮮人の本国帰還者は百万人を越えた。その結果、韓国・朝鮮人によって多く消費されてきた牛豚の内臓部位（価格の安い大腸や小腸）の需要が大きく減少した。このダブついた部位の行き先が、闇市や、場末の飲み屋や飯屋などであった。それらの店で、安くてうまいモツ料理が作られると、あっと言う間にブームになった。

そのなかではモツ焼きが人気を集めた。東京ではこれを戦前と同様にヤキトリ（焼き鳥）と呼ぶことが多かったが、その様子を、松平誠の『ヤミ市　幻のガイドブック』（一九九五年）から見てみよう。

図２－16　軒を連ねるバラック建ての焼き鳥屋（提供　朝日新聞社）
終戦直後（1947〜8年頃？）の東京・新橋。「きも焼」、「もつ焼」、「焼鳥」などと書いた提灯が並ぶ。

「焼き鳥も、当時の代表的なヤミ市の食べ物であった。焼き鳥といっても、鶏や雀に出くわすことはまずない。ほとんどすべてが焼きトンである。現在と同じく種類はシロ、ハツ、レバー、ナンコツが主流で、たいていの場合は親父が焼き、おかみさんがサービスに回っていた」

〝焼きトン（ヤキトン）〟とは前に紹介したように、豚の内臓を串に刺して焼いたものをいい、シロ、ハツ、レバー、ナンコツはそれぞれ、腸、心臓、肝臓、咽頭をさす。この料理が東京では、一九四七〜八年頃に流行した。

同じ頃の大阪では、牛のモツ焼きが〝ホルモン焼き〟と呼ばれ流行した。その様子を、坂口安吾の『安吾新日本地理』から紹介しよう。なおこの作品は、昭和二十六（一九五一）年に『文藝春秋』に連載された。

「浅草の〝染太郎〟（お好み焼屋…引用者注）では、よく〝ホルモン焼き〟というものを食わせる。臓物のツケ焼きである。（中略）ホルモン焼きというのは染太郎のオカミサンが勝手にこしらえた言葉だと思っていた。（中略）ところが、大阪は新世界のジャンジャン横町を歩いたら、おどろいたね。ここはホルモン焼きの天国だよ。（中略）数丁にわたるジャンジャン横町全体がホルモン焼きの煙と匂いにつつまれ、どの店も立錐《りっすい》の余地もなく労働者がホルモン焼きの皿をかかえてムシャぶりついている。どの店の看板にもモツ焼きなどと本来の名はなく、ただハッキリとホルモン焼き」

この文から〝ホルモン焼き〟の正体がモツ焼きであったことがわかる。だが、ホルモン焼きと呼んだのはなぜだろう。それは戦前の大阪で、牛の内臓をホルモンと呼んだことと関係がある。つまり「牛の内臓（ホルモン）を焼く」ので「ホルモン焼き」になる(8)。

鉄板炒め式のモツ料理（モツの鉄板炒め）もまた、同様の理由でホルモン焼きと呼ばれた。この料理も松平の前掲書に登場する。

「ヤミ市時代のホルモンは、もちろん後の焼肉とは似ても似つかぬもので、鉄板の上で焼いて味をつけた簡単な料理だった。だから、その単位も一皿で、バクダンやカストリ、あるいはマッコリと対になって出された」

モツの鉄板炒めが、バクダン（燃料用アルコールを薄めたもの）やカストリ（酒粕《さけかす》を蒸留して作った焼酎）、そしてマッコリ（朝鮮式のドブロク）の肴になったことがわかる。作り方は、湯がいておいた牛豚の腸や胃などをぶつ切りにして味付け、鉄板の上にのせ上から板（コテ）で押さえつけて焼く。

闇市時代のホルモン焼きはこのように、モツ焼きやモツの鉄板炒めを指す言葉だった。それがしばらくすると、朝鮮料理系のモツ炒めなどもホルモン焼きと呼ばれ始め、次いで内臓焼肉までがそうなっていった。そして六〇年代に内臓焼肉のブームが起こると、今度は内臓焼肉がホルモン焼きの代表と考えられるようになり、ここから「ホルモン焼きとは焼肉のこと」とする概念が定着する。

七〇年代以降になると今度は、「ホルモン焼きとは焼肉のこと」という固定概念で、闇市時代のホルモン焼き（モツ焼き、鉄板炒め、モツ炒め）を解釈する人々が現れる（松平もその一人）。こうしてモツ焼き、鉄板炒め、モツ炒めが、焼肉の元祖に祭り上げられるのである。

しかしこの考えは、後代に出来上がった概念でそれ以前のものを解釈したものであって、典型的な事実誤認の例といえる。

朝鮮料理店の復活と内臓焼肉料理

戦前のモツ料理が早々に復活する一方で、朝鮮料理店も復活する。

朝鮮料理店は戦前期には、①朝鮮料理屋、②朝鮮食堂、③朝鮮飯屋・朝鮮飲み屋、④屋台・露店、からなっていたが、戦後には、比較的高級な部類に属する①が戦後社会と整合できずに消滅し、それを除いた②〜④が復活する（ただし敗戦後の早期には③と④が主体）。

復活したそれらの店の内臓料理は、スープ料理（タン）や煮付け（チョリム）などが主であったが、そこに焼く（炒める）料理が加わっていく。その様子を、日本で初めて冷麺を出したとされる[9]「元祖平壌冷麺屋」（神戸市長田区、一九四一年創業）の話から見てみよう。

「張元範氏（六三）が、小学生だったころだ。〝ジューッ〟と肉の焼ける音。自宅の台所で元範さんのオモニ（母親）がキモやシンゾウをいためる。客席は自宅の居間。〝うまい〟と日本人の客。余ったホルモンを冷麺のおまけとして出したのが評判になり、メニューに加えた」（『神戸新聞』二〇〇〇年八月二十六日）

これは、牛の肝臓や心臓を「ジューッと炒め」たもの、つまりモツ炒めであって、内臓焼肉ではない。にもかかわらずこの文は「焼肉の始まり」として紹介された。それはこの料理がホルモン焼きと呼ばれたことから生じた誤解といえる。

同様の誤りは、前川憲司の『韓国・朝鮮人―在日を生きる』（一九八一年）にもみられる。川崎市・セメント通商店街の焼肉店「美星屋」が、まだヤミ飲み屋（ホルモン屋）だった頃に始めたとされる焼肉の記述を、二つ引用しよう。

「（ホルモン焼きは）牛や豚の内臓を朝鮮人が朝鮮独特のたれ、〝コチュジャン〟をつけて臭みを抜き、野菜と混ぜ合わせて焼いた」

「（客は）どぶろくを飲みながら、辛いキムチやニンニクをたっぷりきかせたホルモン焼きをむさぼり食べた」

この料理も、牛豚の内臓に野菜やキムチを混ぜて辛く作ることから、モツ炒めの一種であって、韓国ではこうした料理を〝ポックム（炒め物）〟と呼ぶ。つまり焼肉とは何の関係もない料理だが、ホルモン焼きと呼ばれたことから「焼肉の元祖」と勘違いされたのである。

以上の記録は、料理店の店主の工夫によって内臓焼肉が生み出されたことを紹介したものだが、それらは焼肉とは似ても似つかない料理であった。これを裏返して考えると、一九四〇年代末から五〇年代初め頃の朝鮮料理店の関係者にも、内臓焼肉がどんなものかほとんど知られていなかったことになる。

（2）内臓焼肉の登場

内臓焼肉の誕生

朝鮮料理店の関係者にも知られていなかった内臓焼肉が、大阪・猪飼野に突如出現する。その始めは、猪飼野の一条通にあった「とさや」[10]という朝鮮食堂であった。

「とさや」はこの界隈で焼肉（内臓焼肉）が発祥した店として知られているが（閉店し現存しない）、郷土史家・足代健二郎氏の調査によるとこの店は、一九三〇年代後半頃に、猪飼野の周縁部にあたる国鉄玉造駅東側（東成区東小橋一丁目二の辺り、当時の中道本通一丁目）で、妓生《キーセン》をおいて朝鮮料理屋を営んでいたという。

一九三〇年代後半の頃の猪飼野とその周辺には、焼肉食堂（カルビチプ〈焼肉屋〉）が多数あったことから、猪飼野の近くに店を構える「とさや」の主人が焼肉を知っていた可能性は大きいし、あるいは現に焼肉を提供していたかもしれない。

その店が戦後早々に、猪飼野の一条通に移って朝鮮食堂を構えると、「店先にカンテキ（七輪）をいくつも置いて、いつも行列ができる」（有馬てるひ「ホルモン焼きのルーツ」『東洋経済別冊　ナニワ万華鏡』一九九九年八月）ほど繁盛したという。店先では内臓の下ごしらえが行われ（足代氏談）、焼いた内臓を日本人にただで試食させたりもした（前掲書）。

ここで注目したいのは、店先に七輪をいくつも置いていた、とあることだ。今日でも店の前に七輪を並べる焼肉店をごくまれに見かけるが、このタイプの店では、客が入ると火のおこった七輪を持ち込み、客はそれで肉を焼いて食べる。おそらく「とさや」も、これと同様のやり方だったと思われる。

「とさや」ではこのように、戦後早々（四〇年代後半）から、客が自ら焼いて食べる内臓料理を、つまり内臓焼肉を提供してきた。そしてこの店を基点にして、同類の店が近隣から増えていったという。これが、焼肉（内臓焼肉）の発祥の店として知られるゆえんである。

だがなぜ、「とさや」から内臓焼肉が始まったのだろう。

戦後すぐの頃には、肉が価格統制のために高騰し、入手しにくい状況にあった。そして「とさや」の立地するこの地区には、日本で最大クラスの朝鮮市場があった関係で、牛の内臓が比較的に入手しやすかった（「とさや」の主人は屠場から直接仕入れていたという）。しかも、所得水準が比較的に低い人々が多く暮らす地域でもあった。

こうした環境のもとで「とさや」の主人は、精肉の代わりに内臓を使って焼肉を提供しようと考えたのではなかろうか。そこでさっそく試してみたところ、すぐに長い行列ができるほどの人気となった。すなわちこれが「**内臓焼肉の始まり**」であった。

猪飼野は、精肉焼肉の発祥の地であっただけに、その料理を身近に感じる人がいたし、牛の内臓料理を好む人も多かった。つまりこの地には、内臓焼肉を誕生させるための条件（料理法の下地の存在、材料の安定的供給、厚い消費層）のすべてがそろっていたのである。しかも他のどの地区よりも、条件が整っていたとみることができる。

内臓焼肉のルーツ

だが、これまでいわれてきたように、内臓料理を扱うバラックや屋台の店で、内臓焼肉が誕生した可能性はないのだろうか。そう考えて追求してみたが、やはり困難と考えざるをえなかった。その根拠を以下に示しておこう。

・戦後直後のバラックや屋台の店は冷蔵器具を保有していなかったため、生の内臓を保管することができなかった。
・そのため、あらかじめ湯がいておいた内臓を用いるほかになく、それでは客に焼く楽しみが生まれない。
・店は立ち食い式かカウンター式で、七輪をたくさん並べるようなスペースがなかった。また、七輪やテーブルなどを買いそろえるには初期投資が必要だが、零細な店では難しかった。

これに対して、焼肉食堂や朝鮮食堂が復活した店では条件がまるで違っていた。それらを整理すると、次のようになる。

・もともと精肉を扱っていたため、保管のための冷蔵器具を保有していた。

・テーブルを並べて商売していたことから、七輪をたくさん並べるのに支障がなかった。また、焼肉食堂が復活した店では、焼肉のための道具一式を保有していた。

・内臓の調味や焼き方は、朝鮮の伝統の内臓焼肉料理と同じでよく、料理法の考案に特別な努力を必要としなかった。(11)

このようにほとんどの条件が整っており、店主が「精肉の代用に内臓を使おう」と思いつき、実行すれば可能だったのである。

なぜ内臓焼肉が先と考えられたか

なのになぜ、内臓焼肉が先に誕生し、次いで精肉の焼肉が生まれたと考えられたのだろう。

その答えは比較的に簡単だ。

内臓焼肉の流行は、モツ焼き・鉄板焼き、モツ炒めなどによるホルモン焼きブームに引き続いて起こるが、内臓焼肉が流行すると、それに引っ張られて精肉焼肉もそのブームに加わる。つまり内臓焼肉が先行し、その後に精肉焼肉が続いたように見えたのである。そのため、「焼肉は内臓焼肉から始まった」ように感じられたというわけだ。

物事の起源は、それが流行ったり優勢な状態になったりして初めて話題になる。そしてそのときに目立つもの・優勢なものが最初のものと考えられがちだ。だが実際にはこの例のように反対の場合も少なくない。世に流布している起源譚とは、得てしてそうしたものが多いのではなかろうか。

註

(1) 野口英世はこの前年に、若干二十歳で医師免状を取得し、順天堂病院の助手と高山歯科医学院の講師になっている。結城禮一郎は十九歳で、国民新聞の記者をしていた。

(2) こうした徹底利用の体制は、今日ではすでに過去のものになっている。

(3) 食料品加味品（四十五類）とは、「他類に類せざる食料品及加味品」のこと。当時の規定では、料理や飲食店の商標登録が出願できず、そのため「他類に類せざる…」の分類で申請したものと思われる。

(4) おそらくホルモン料理の文字の入った商標を申請するも、何らかの理由で受理されなかったのだろう。そこでやむなく図2-10の内容で申請したものと思われる。

(5) 〝ホルモン煮〟の登録商標取得説は、雑誌『焼肉文化』一（一九九二年）に発表（奥村彪生）され、その後に朝倉敏夫の『日本の焼肉　韓国の刺身』、野村進の『コリアン世界の旅』、鄭大聲の『朝鮮半島の食と酒』など、いくつもの本に引用・紹介された。

(6) ホルモンは大阪では牛の内臓を指したが、戦後の関東では牛や豚の内臓をホルモンと呼んだ。

(7) 昔は大家族が多かったため、肉類などの購入は百匁（三七五グラム）が標準単位であった。

(8) ただし関東では豚のモツ焼きもホルモン焼きと呼ぶ。

(9) しかし平壌冷麺の店は、東京では一九三〇年代初頭に、大阪では一九三〇年代末にすでに存在した（外村大の前掲論文）。

(10) 店名の「とさや」は猪飼野の朝鮮語読みの「저사야《チョサヤ》」に由来、とする説がある。

(11) 料理法の工夫がまったくなかったわけでなく、たとえば大腸や小腸（テッチャン・トンチャン・ホルモン）は、チューブ状のものをわざわざ切り広げて四角に切ったが、これは精肉焼肉の矩形に薄く切る形を模したためとみられる。また、店ごとに味の工夫をしたのはもちろんのことだ。

第三章　焼肉の普及と発展

焼肉は、日本の海外進出によって中国・日本・朝鮮の料理文化が接触したことで生まれた国際料理といえる。そしてこの料理は、日本で誕生するとすぐに日本の統治領域内（朝鮮、満州）に広がってゆき、人気を獲得していった。しかし、戦争の激化によって流行は頓挫する。しかも日本の敗戦によって、その発展基盤は日本、朝鮮半島などに隔てられる。それでも、共産圏を除く日本と韓国で復活を遂げ[1]、それぞれの社会で大きく発展していく。その様子を、日本と韓国に分けてかいま見ていこう。

1　焼肉の発展――日本編――

（1）焼肉の復活

ジンギスカン料理店と朝鮮料理店の復活

敗戦からしばらくすると、肉の出荷が増加し始める。そして昭和二十四（一九四九）年八月に価格統制が解除されると、ヤミに流れて市場から消えていた肉が人々の前に現れる。こうして街に肉料理が復活する。

その中では、ジンギスカンの復活がめざましかった。この時代のグルメ本（一九五三年刊『甘党・から党・うまいもの』、一九五四年刊『たべもの東西南北』など）を見ると、行楽地や旅館・飲食店のジンギスカンが多数紹介されており、当時の流行の一端をかいま見ることができる。

ジンギスカンのように目立つことはなかったが、朝鮮料理店も早々に復活する。

昭和三十一（一九五六）年刊の『全国うまいもの旅行』（日本交通公社）には、東京・銀座の「大昌園」[2]が「戦後初めて韓国料理を始めた店で、焼肉がうまい」とあり、そのほかに日本橋・高島屋前の「郷家園」や新宿の「伊幸伊《いこい》」の名が見える。

だが、焼肉の元祖として紹介されることの多い大阪・千日前の「食道園」や東京・新宿西口の「明月館」は、当時のグルメ本に出てこない。それは店の規模が小さかったためかもしれないし、裏を返せば、その程度の規模の小さな店はほかにもあったことになる。

「大昌園」のように、グルメ本にも載るような大きな朝鮮料理店が戦後早々に存在したのは、戦前にもそのような朝鮮料理店があったこと、つまりしっかりとしたモデルがあったためだろう。しかし残念なことに記録が少なく、これらの店がどんな焼肉を提供していたのかなどの情報は残っていない。そこでここでは、いくらか情報のある「食道園」と「明月館」[3]について見ていくことにしたい。

焼肉の復活

「食道園」の創業の様子は、創業者の妻・江崎光子が著した『長い旅』（一九八三年）に比較的くわしく描かれている。要約して紹介しよう。

東京でタクシードライバーをしていた林光植《イムクアンシク》（後に帰化し、江崎光雄となる）（一九一一〜八二年）は、日本女性・江崎光子と結婚し、その後に軍属となって中国・太原に渡る。その地で除隊し、日本軍御用達の精肉店を開き（一九三八年）、同時にすき焼き店「松喜」と平壌冷麺店「食道園」を併設する。店は軍人たちにひいきにされ、支店ができるほど繁盛した。

しかし日本の敗戦で事業は頓挫する。そのため林の故郷・平壌に引き上げるが、身の危険を感じ、やむなく三十八度線南のソウルへ脱出する。そしてここでも冷麺店「食道園」を開いて人気を得、さらにソウル郊外にハム・ソーセージなどの加工工場まで作る。だが、北朝鮮のスパイと疑われ、妻の故郷・東京に帰ることを決心する。こうして昭和二十一（一九四六）年十二月に、日本の土を踏む。そして昭和二十三（一九四八）年に、「間口二間半足らず、平屋建てのバラックを半分に仕切った小さな店」を、大阪・千日前に開く（図3－1）。

図3－1　大阪・千日前に開店当時の「食道園」（1948年）
（江崎光子『長い旅』1983年）
場所は大阪・ミナミの一等地で、店の前には歌舞伎座（後に千日デパート）があった。看板に「冷麺 焼肉」とあるように、開店時から焼肉を提供した。

「食道園」は、昭和二十一（一九四六）年に大阪・千日前で創業したと紹介されることが多く、「食道園」のホームページにもそのようにある。しかし昭和二十一年に創業したのはソウルの店だった。また、昭和十三（一九三八）年に中国・太原に同名の店を構えているので、これこそが「食道園」の創業といえるだろう。

大阪では、中国での成功を再現しようとしたためか、初めから一等地を選んで営業し、狭いながらもテーブルや椅子を並べ、牛の精肉を使った焼肉を提供した。その様子を、先の本から紹介しよう。

「肉類は貴重品中の貴重品で、なかなか手に入りませんでした。おそらく、私たちの「食道園」が、大阪の焼肉店の元祖ではないか、と思っています。才覚のある主人は、寺田町の方にあった肉屋から枝肉のまま仕入れをしていたようです。燃料は木炭を使っていました。これも一俵単位で引いていました。これをカンテキでおこして肉を焼くのですから、店内には煙が立ちこめ、壮観でした」

枝肉とは、牛の皮、内臓、頭、四肢の先端を取り除いて二つに割った半頭分の肉の塊で、「食道園」ではこれをさばいて肉を得ていたことになる。

当時牛肉は、価格統制による弊害でヤミに流れ入手が困難だったが、それを手に入れて、香ばしい匂いを振りまいて商売したのであるから、はやらないはずがなかった。

肉が手に入りにくい時代に、焼肉で商売しようと考えたのは、以前からこの料理を知っていたからにほかならないだろう。林は行動範囲の広い人で、太原にいた頃には仕入れなどのために中国各地を出歩いたという。そのため焼肉を知る機会があっただろうし、あるいはソウルに引き揚げたときに出会った可能性もある。

千日前の店は、ジンギスカンもやっており（『長い旅』四〇ページ）、後出のメニューにあるようにバーベキューもやっていたから、焼肉、ジンギスカン、バーベキューと、焼きながら食べるメニューのすべてを扱っていたことになる。つまり「食道園」は、この時代の人気料理をとりそろえ、業界の最先端を突っ走っていたのではないかとみられる。

ここで開店から十年近くたった、一九六〇年頃のメニュー（『長い旅』）を見ると、精肉の焼肉はロース、カルビの二種類だが、内臓の焼肉はミノ（牛の第一胃）、レバー（肝臓）、タン（舌）、センマイ（牛の第三胃）の四種類にもなる。開店時には精肉を使っていたので、年を経て内臓メニューが追加されたことになる。またザーサイは、中国・太原時代の名残だろう。

次に、「明月館」について見てみよう。

1960年頃の「食道園」のメニュー

ロース	250円	ユッケ	200円
カルビ	250円	白（ご飯）	50円
ミノ	200円	白半（ご飯半分）	30円
レバー	150円	丸角胡（キムチ）	50円
タン	200円	冷麺	150円
センマイ	100円	ロースバーベキュー	500円
カルビスープ	200円	ザーサイ	150円

「明月館」創業の頃のメニュー

ロース	150円	ビビンバ	150円
カルビ	150円	クッパ	150円
ホルモン（ミノ）	150円	コムタン	150円
定食	150円	チゲナベ	150円

「明月館」の開店は、ホームページによると一九四六年十月という。創業の頃のメニューは、鄭大聲の「焼肉店のルーツと歴史」（『焼肉店　第二集』一九九四年）に、上のように紹介されている。

これを見ると、精肉の焼肉はロースとカルビの二種類だが、内臓はミノ（牛の第一胃）しかない。このようにこの店は、精肉の焼肉が主体で、内臓は比較的に高価なミノを取り扱うだけ[4]だった。したがってこの店も、戦前の精肉焼肉店の復活形とみなすことができる。

焼肉店の系統

「食道園」は看板からあきらかなように、焼肉と冷麺の店であった。だが焼肉と冷麺の組み合わせはどこかで見かけなかっただろうか。すでにおわかりと思うが、この組み合わせはソウル系カルビチプとそっくりだ。ここ

表6　「明月館」と「漢江春」のメニュー比較

	新宿西口の「明月館」	満州の「漢江春」
焼肉	**ロース**、**カルビ**、ミノ	焼肉（**ロース**に同じ）、**カルビ**
飯物	**ピビンパッ**、クッパ	**ピビンパッ**
汁物	**コムタン**、チゲナベ	大邱湯、コムグッ（**コムタン**に同じ）
その他	**定食**	定食、朝鮮料理

・「楽春園」と「漢江春」のメニューはよく似ているので、「漢江春」を代表させて比較した。ただし「楽春園」より「漢江春」の方が「明月館」のメニューに近い。

表7　戦前期日本の明月館の所在地

所　在　地	広告掲載紙・掲載年月日
東京府東京市神田区猿楽町	朝鮮日報 1931.1.9
東京府東京市四谷区新宿	朝鮮日報 1931.1.9
東京府東京市麹町区永田町2－82	朝鮮日報 1936.1.17
東京府東京市向島区吾嬬町東1－19	東亜新聞 1942.11.15
兵庫県神戸市葺合区東雲通4丁目	朝鮮日報 1936.1.3
兵庫県尼崎市杭瀬堤外4－2	朝鮮日報 1938.1.3

・猿楽町と新宿の店は本店・支店の関係。永田町の店はその後継店で、戦前期日本で最も高級な朝鮮料理屋として知られている。
・明月館を名乗る店は、このほかにもたくさんあったと推定される。

から「食道園」は、この系統の店⑤と推定することができる。

一方、新宿西口の「明月館」のメニューは、満州の「楽春園」や「漢江春」のそれとよく似ているように見える。そこで「明月館」と「漢江春」を比較してみたところ、表6のようになった。

表6では、共通するメニューを太字で示したが、驚くことにそれは全メニューの六十〜七十パーセントにも及ぶ。

ここから「明月館」と「漢江春」らの満州の店が、同系統と推定できる。また、満州の店が大阪の焼肉食堂の系統であると以前に指摘したが、ここから「明月館」も、大阪の焼肉食堂系統の店ということになる。

ところで「食道園」や「明月館」はもともと、ソウルにある超一流の朝鮮料理屋の名であった。そのため、その威光にあやかろうと勝手に名を拝借した店が、朝鮮だけでなく、日本や満州の各地に出現した。その参考として、戦前期日本の明月館の立地状況を、先の外村論文から抜粋すると、表7のようになる。また、食道園の名を掲げた店の一端については、表3（六〇ページ）からうかがうことができる。

「食道園」や「明月館」を名乗ることはしたがって、朝鮮料理界の名門であることを表明したことになる。そのため千日前の「食道園」や新宿西口の「明月館」も、一流の店を目指して大都市の繁華街に店を構え、肉が手に入りにくい時代に精肉焼肉を提供して、お客を満足させようとしたのだろう。

これに対し、戦後すぐに大阪・猪飼野に居を移した「とさや」は、これと対極する方向に向かった。贅沢な料理の需要が少ない地域に立地したこの店は、入手が難しく価格の高騰した精肉の代わりに、入手が容易で安価な内臓（大腸や小腸など）を使った焼肉を提供する道を選んだのである。

この相反する二つの系統の店は、いずれも人気を得て繁盛する。こうして焼肉店は、精肉を主体とする店（精肉焼肉店）と内臓を主体とする店（内臓焼肉店）が並存することになる。

（2）焼肉店の展開と多様化

復活した精肉焼肉店と新たに誕生した内臓焼肉店は、社会の変動に対応しながら、やがては今日見られるような多様な焼肉店へと変貌していく。その歩みを、年代を追いかけながら見ていこう。

五〇年代の焼肉店

五〇年代に入ると朝鮮戦争（一九五〇〜五三年）による特需で、日本は経済発展の道を歩み始める。飲食業も復興し、モツ焼きや鉄板炒めなどのホルモン焼きが流行し、焼肉もまた同様の名で呼ばれ人気が拡大していく。この頃の焼肉店の状況を、三つの項に分けて見ていこう。

図３－２　高級店へと歩む「食道園」
（1955年頃）（『長い旅』）
開店した場所の土地を買い増しして三階建てに増築。看板は開店時と同じく、「冷麺焼肉　食道園」とある。

表８　50年代創業の朝鮮料理店・焼肉店（東京・大阪）

場所		店名	操業年
東京	東上野	板門店	1950年
		馬山館	1955年
	銀座	清香園	1951年
	新宿南口	長春館	1954年
	神田須田町	大同苑	1958年
大阪	鶴橋	かどや	1950年
		鶴一	1953年
	猪飼野	新楽井《あらい》	1952年

・創業年は店側の発表による。

①老舗店の出現

四〇年代後半にはそれこそ数えるほどしかなかった焼肉店も、五〇年代に入ると少しずつ増え始める。その様子を知るため、五〇年代に創業した東京・大阪の主な店を、インターネットなどで集めた情報をもとに、一覧にまとめた（表８）。

表を見ると、数は多いといえないが、焼肉店が各地に誕生していったことがわかる。これらの店は、今日では老舗店と呼ばれ、この中には後に形成される焼肉店街の核になった店も見られる（東上野、鶴橋）。また、四〇年代に創業した店では、大型店・高級店に衣替えするものが現れている（図３－２）。

②他店からの転進と朝鮮料理店の統合

この時代の焼肉店は、既存の他の店から転進するケースが多かった。その例をいくつか見ていこう。

焼肉の街として有名な大阪・鶴橋の老舗焼肉店「鶴一」は、もともと千日前通りで串焼き（モツ焼き）の屋台を営んでいたが、昭和二十八（一九五三）年前後に、七輪で焼きながら食べるホルモン焼き（すなわち内臓焼肉）の店を現在の本店の場所に構えている（藤田綾子『大阪「鶴橋」物語』二〇〇五年）。したがってこれは、モツ焼き屋が焼肉店に転進した例になる。

「鶴一」のある鶴橋西商店街から少し離れた鶴橋・高麗市場には、「鶴一」より早く焼肉を始めた「かどや」という店がある。この店は、戦後早々から日本人向けの食堂を営んでいたが、昭和二十五（一九五〇）年頃に、ピビンパッ、冷麺、ドジョウ汁などの朝鮮の家庭料理と焼肉の店に衣替えした（前掲書）。したがってこれは、一般食堂からの転進組みになる。

以上はモツ焼き屋と一般食堂からの、すなわち日本料理系の店からの転進組みになるが、朝鮮料理店からの転進組みも多かった。

たとえば神戸市長田区の「元祖平壌冷麺店」は、戦前からある老舗冷麺店だが、五〇年代から焼肉を始め、ＪＲ尼崎駅前の「とんＱ」は「ホルモンとたまねぎ、ニンニクを大鍋で煮込んだ料理が中心」の店だったが、昭和三〇年代（一九五五―六四年）から焼肉を始めている（『毎日新聞』阪神版、一九九九年二月一日）。このように五〇年代は、朝鮮食堂、朝鮮飯屋、朝鮮飲み屋などからなっていた朝鮮料理店が、次々に焼肉店へと変身していった時代であった。

これは、さまざまな形態からなっていた朝鮮料理店が、儲けの多い焼肉店に統合・集約していったことを意味する。一時前に、日本の朝鮮料理店のほとんどが焼肉店であったのは、ここに起源がある。

③本格的朝鮮料理店の出現

その一方で、本格的な朝鮮料理店を開こうとする動きも見られた。

東京・銀座の「清香園」は、一九五一年に韓国大使館の支援のもとで、本格的な韓国料理店として出発した。店を始めたのは、朝鮮戦争の戦火を逃れて来日した韓国駐日大使の政治顧問夫人・張貞子《チャンチョンジャ》で、韓国料理店を始めたいきさつを次のように述べている。

「日本に来てみたらほんとうの韓国料理店がなかったんです。当時はホルモン焼きしかなかったし、料理といえばピビンパプしかなかったんですね。店の中は煙でいっぱいだし、とても清潔とは言えなかったです。だから私はここで日本人に恥じない立派な朝鮮料理をつくろうと決心したんです。日韓親善のためにはまず料理屋をやろうと」(中山茂大ほか『焼肉横丁を行く』二〇〇五年)

当時の朝鮮料理店の料理が、ホルモン焼きとピビンパッしかなかったというのは少し大げさだが、この頃の朝鮮料理店はモツ料理主体の飯屋か飲み屋が大部分で、朝鮮食堂や焼肉店はわずかしかなかった。

しかも、戦前期には朝鮮料理屋があって朝鮮情緒を味わうことができたのだが、戦中に消滅してしまい、復活することがなかった。そのため戦後には、宮廷料理を味わえる店がなくなってしまい、その不便を解消する意味で「清香園」のような店が必要になったのである。

六〇年代の焼肉店

五〇年代後半から高度経済成長に突入した日本経済は、六〇年代にその最盛期に入る。そして内臓焼肉が、ホルモン焼きブームという形で流行し、それが精肉を含めた焼肉ブームへと進展していった。この一連のブームを第一次焼肉ブームと呼びたい。そのなかで焼肉店は、質と量の両面で大きく変貌を遂げていく。

①焼肉ブームによる焼肉店の増加

焼肉ブームを下支えしたのは、経済発展に比例するかのように増大した肉の消費量であった（図1－2、一五ページ）。その増加に歩調を合わせるように、焼肉店は増加していく。当時の様子を、グルメ本『東京の味散歩―ハローマイペース―』（一九六六年）は次のように述べている。

「焼肉の店、朝鮮料理の店というと、いまでは都内のいたるところにある。（中略）とにかく店が増えたのは、それだけ需要が増えたということだろう」（一三四ページ）。

増加したのは東京だけではなかった。その状況を知るため、六〇年代に誕生した東京・名古屋・京都・大阪・神戸の朝鮮料理店や焼肉店を、当時のグルメブックなどから拾ってみた。その一覧が表9で、その表の代表的な店の写真を図3－3に示す。

表を見ると、都会の一等地（繁華街）に立地し、建物・内装とも豪華な店が多い。それはグルメ本などから集めたためでもあるが、六〇年代の第一次焼肉ブームによって、各地に高級店が次々と誕生したことの反映と見ることができる。チェーン店もみられ、業界資本の充実ぶりがうかがわれる。写真を見ても、今日見られる焼肉店の構えと大きく違わないのに驚かされる。

②内臓焼肉店と精肉焼肉店の統合と日本式焼肉の成立

表9には高級店が多いが、第一次焼肉ブームで大きく増加したのは庶民的な店のほうだった。その多くが、モツ焼き屋、朝鮮飯屋、朝鮮飲み屋などから転進した内臓焼肉の店である。

ところが増えたばかりのこれらの店は、時代の変化の波を受けてすぐに変化していく。その様子を前出の『韓国・

表9 1960年代に誕生した朝鮮料理店・焼肉店

場所	店名	所在地	特徴
東京	金巴里	神田・多町	焼肉専門店。
	東京園	六本木	本格的な両班《ヤンバン》（朝鮮朝時代の支配層）料理の店。三階建てで、1962年に開店。
	一龍	銀座	高級店。客は韓国人が多い。
	千山閣	新宿・西大久保	高級レストラン風の焼肉店。朝鮮の宮殿を思わせるデザインと色彩の店。六階建て。
	金鳳園	渋谷・大和田	山手線・渋谷駅の近くの朝鮮料理店。1965年にこの場所に移転した。家族づれや女性客が目立つ。
	八角亭	渋谷・神宮前	原宿・表参道にあるハイセンスな焼肉店。
	東海苑	西浅草	1963年に開店の宮廷料理の店。五階建て。1966年に新宿・歌舞伎町に移る。
名古屋	精香園	中村・堀内町	国鉄・名古屋駅近くにある三階建ての焼肉店。
	大東園	中区横三ツ蔵	戦後名古屋での朝鮮料理店の開祖。名古屋駅前や、岐阜、豊橋にも店がある。横三ツ蔵のこの店は、1960年に開店。
京都	南大門	四条河原町の南	焼肉の流行により、京都にも朝鮮料理店が出現。
	玄武門	四条河原町の北	同上。四階建ての豪華な店。
大阪	そうる	梅田	OS裏通り（梅田の歓楽街）近くの焼肉店。
	東大門	梅田	同上
	昌慶園	梅田	大阪・キタに先頭を切って作られた朝鮮料理店。三階建てで、結婚式場としても利用された。
	東京清香園	南区坂町	東京・銀座「清香園」の支店で、モダンな四階建て。1961年に開店し、1965年に写真（図3－3）のように改装。
	ミナミ	南区坂町	大阪・ミナミにある焼肉と冷麺の店。
	平和	アベノ橋	国鉄天王寺駅北側にあるホルモン焼きの店。
	とさや別館	生野区・御幸通 中央商店街	猪飼野にある庶民的な朝鮮料理店。
	喜樂園	鶴橋	1966年開店の焼肉店。
神戸	金剛山	生田区北長狭通	日本人も対象にした高級朝鮮料理店（神戸では元祖格の店）。三階建てで、1961年に開店。
	大楽苑	生田区下山手通	レストラン風の朝鮮料理店。
	清香園	生田区北長狭通	神戸のホルモン焼きの草分け。場所は国鉄三ノ宮駅高架下西側。

八角亭（潮三吉『東京の味散歩―ハローマイペース―』ハローマイペース出版会、1966年）

一龍（佐々木芳人『酒と肴のうまい店』実業之日本社、1966年）

大東園（創元社編集部『1966年版 名古屋味覚地図』創元社、1965年）

東海苑（『東京の味散歩―ハローマイペース―』）

図３－３　60年代の朝鮮料理店・焼肉店（前半）

平和（高橋敬蔵編『大阪食べある記』大阪新夕刊新聞社、1965年）

東京清香園（むさし書房編集部『大阪うまいもん』むさし書房、1965年）

金剛山（鈴江淳也『うまいもの 京阪神たべあるき』北辰堂、1965年）

清香園〈神戸〉（毎日新聞神戸支局編『味』中外書房、1966年）

図３－３　60年代の朝鮮料理店・焼肉店（後半）

朝鮮人―在日を生きる』から要約と引用で紹介しよう。

川崎のセメント通り商店街でヤミ飲み屋（ホルモン屋）をしていた「美星屋」は、安価に手に入る内臓を使った料理と違法のどぶろくで商売をしていた。そこにホルモン料理が思わぬブームとなり、店は、どぶろくやホルモン焼きと内臓の煮込みを腹一杯詰め込む仕事帰りの労働者で一杯になった。

そんなホルモン屋に大きな転機が訪れる。

「一九六二～三年ごろ、ビールが客の注文の主流を占めるようになったことも重なり、ナクドム（店の女主人の名…引用者注）はどぶろくから手を引いた。その一方で、焼肉のメニューにホルモンだけでなく、ロースやカルビを並べ始めた。セメント通りを行き来する労働者にも、背広姿が目立ち始めたころである。東京オリンピックを控えた高度成長下、テレビが急速に普及し、「はい、それまでよ」の歌（植木等の〝スーダラ節〟…同）がブラウン管の人気者になっていた」

高度成長によって余裕の出始めた労働者の懐具合に合わせて、内臓焼肉だけでなく精肉焼肉も扱う店へと脱皮したのである。これはナクドムの店だけではなく、どの内臓焼肉店でも同様であった。

一方、精肉焼肉店の動きはそれより早かった。それは、ホルモン焼き（内臓焼肉）が注目され始めた五〇年代からのことで、ブームに乗り遅れまいとして、内臓焼肉をメニューに加えていった。

こうして内臓焼肉店と精肉焼肉店はともに、精肉と内臓の両方を扱う店となって統合される。この新たに誕生した精肉から内臓までをメニューに持つ焼肉店を、**日本式焼肉店**と呼ぶことにする。

同じ店で、内臓から精肉までを扱うようになったことで、焼肉メニューが一気に増加する。するとそこから、いろいろな部位をあれこれ注文して味わう食べ方が生まれる。この形式の焼肉を、**日本式焼肉**と名づけることにしたい。焼肉店と焼肉はこうして今日と同様の形態を獲得するが、それは五〇年代から六〇年代前半にかけての出来事だった。

七〇年代の焼肉

一九六〇年代に始まった第一次焼肉ブームは七〇年代初めまで続き、一九七〇年に開催された大阪万国博覧会[6]もこのブームを後押しした。

これによって東京都内の焼肉店は大きく増加し、六〇年代の初めに百軒ほど（趙重玉『韓国料理』）だったものが、一九七三年には八百六十軒（朝倉敏夫『日本の焼肉　韓国の刺身』一九九四年）にもなった。関西でも目立って増加し、たとえば筆者が就職して入居した会社の独身寮は、尼崎市と伊丹市の境界の閑静な住宅地にあったが、そんなところにさえ、「明月館」というこぎれいな朝鮮料理店が開店するほどの発展ぶりであった。

六〇年代までは歓楽街に立地することの多かった焼肉店が、七〇年代の初めにはこのように、住宅地や郊外にまで広がり、少し大きな町では「焼肉」の看板のないところがないほどに一般化する。

だが、今日ではあたりまえの無煙ロースター（煙を排気しながら焼く器具）はまだ存在せず、上級店では各々のテーブルの上に排気フードを設けたりしたが、大多数の庶民的な店では、匂いと煙がモーモーとけむる中で飲食するのが常であった。そうした庶民的な店の情景を、筆者なりに模写しておこう。

店に入ると、お世辞にもきれいとはいえないテーブルに、薄汚れた長方形のガスコンロが置いてある。テーブルに座り、「ロースとミノとテッチャンを四人前ずつ」と注文してしばらくすると、大きめにちぎったキャベツ（お代わり自由）と、皿に盛った肉類が届く。

さっそく焼けた金属板に肉片をのせると、焼け具合を見計らいつつ、肉の奪い合いが始まる。煙と匂いがほの暗い部屋に充満し、大きな声が飛び交い、焼けた油があたりに飛び散る。

肉がなくなったら、大声で追加を注文する。それが届くとすぐに二回戦の開始だ。

しばらくすると先の喧騒はどこかに消え、ブンブンとうなる黒く煤けた換気扇の音が気になりだす。そして「食った、食った」と言いながら、いっぱいになった腹をさする。

「焼肉」の意味の変化

焼肉店の数が増えて、「焼肉」の看板が全国各地に広がると、これが思わぬ効果を発揮する。〝焼肉〟の持つ意味が変化するのである。

焼肉はもともと、『広辞苑』に「牛・豚などの肉をあぶり焼いたもの」とあるように、肉を焼く料理の総称として、つまりこの本で言うところの焼肉料理を意味する言葉として使われてきた。ところが「焼肉」と書いた看板がいたるところで見られるようになると様相が一変し、焼肉はもっぱら〝焼肉屋の焼肉〟を意味するようになっていく。看板の効果たるや絶大と言わざるをえない。

「焼肉」の看板が増えた原因は二つある。ひとつは一九五〇年代に、さまざまな種類からなっていた朝鮮料理店が焼肉店へと集約され、「朝鮮料理」や「韓国料理」などとあった看板が「焼肉」に書き換えられていった（あるいは「焼肉」の文字が書き加えられていった）ことにある。もうひとつが、六〇年代に始まる第一次焼肉ブームによるもので、焼肉店が大幅に増加したのに伴って、「焼肉」の看板が全国各地に広がったことだ。

これはさらに、焼肉店の意味にも変化をもたらした。

朝鮮料理店のほとんどが「焼肉」の看板を掲げたことから、「朝鮮料理店とは焼肉店のこと」という認識が生まれるのである。その結果、「焼肉店」が朝鮮料理店の代名詞のようになり、ここから「焼肉は朝鮮料理の代表」とする誤った考えが定着する。(7)

「焼肉」の看板の増加は、焼肉や朝鮮料理店の意味を変えただけでなく、朝鮮料理のイメージさえも変質させたのである。

八〇年代の焼肉

八〇年代は、高度経済成長とそれに続くバブル景気（一九八六年十二月から一九九一年二月）の時代で、焼肉業界にとっては願ってもない環境であった。さらに一九八八年のソウル五輪の前後には、一大韓国ブームが出現し、韓国の文化や暮らしについての報道が連日のように繰り広げられた。これが韓国に対する印象を大きく変える契機となり、韓国を「嫌悪」する人よりも「好感」を抱く人のほうが多くなるといった現象を生んだ。

こうした環境の中で焼肉は、老若男女の区別なく親しまれる国民食としての地位を獲得していく。そのなかのトピック的な現象を、かいつまんで紹介しよう。

① 無煙ロースターの発明による客層の拡大

無煙ロースターが発明され、八〇年代から普及が始まる。これにより煙をのがさず排気できるようになり、懸案だった煙と臭いの問題が解消された。明るくきれいな店が増加し、家族連れや女性客も気軽に利用できるようになり、焼肉業界に新たな発展が約束された。

②第二次焼肉ブームによる焼肉店の増加

ソウル五輪が開催された八〇年代後半に、第二次焼肉ブームが出現する。このブームによって焼肉店が全国の津々浦々に進出し、大阪・鶴橋などでは通りの両側に軒を連ねるほどに増加する。都市部では高級店が目立つようになり、その一方で韓国の家庭料理を売り物にする〝韓国家庭料理の店〟が流行し、焼肉以外の料理も知られるようになった。

図３－４　**無煙ロースター**（山岡金属工業株式会社の広告より）
煙の吸引口が金網の周囲に設けられている。

③韓国式焼肉の流入

ソウル五輪前後から、日本と韓国間の人の往来が活発化し、東京の新大久保などには押し寄せる韓国人ニューカマーによって、新しいコリアタウンがつくられる。この街では韓国直輸入の商品が売られ、韓国伝来の新しいタイプの朝鮮料理店（以降、**新韓国料理店**と呼ぶ）が店開きした。韓国式焼肉も流入し、プルコギ（すき焼き風料理）やサムギョプサル[8]が人気を集める。韓国料理に対する日本人の関心も高まり、本場の韓国料理を売り物にする店が増えていった。

④焼肉店と朝鮮料理店の多様化

八〇年代以降から、朝鮮料理店や焼肉店は多様化へと向かい、個性化が進む。異業種からの参入も盛んになり、レストラン系や居酒屋系、さらに日本料理系の店[9]も作られ、競い合うようになる。

九〇年代以降の焼肉

九〇年代はバブル景気が崩壊し、経済は著しく沈滞化する。そのため焼肉店間の競争が激化し、個性化と多様化がさらに進展する。また、家族連れや若者をターゲットとするチェーン店やフランチャイズ店も増加した。

その一方で、ワールドカップサッカーの日韓共催を頂点とする韓国ブームや、その後の韓流《はんりゅう》ブームによって日韓の交流はいっそう進展し、韓国的なものを受け入れる素地が広がっていった。その影響で、朝鮮料理店は大きく変化し、焼肉メニューを持たない店も珍しくなくなってきた。それらを踏まえ、朝鮮料理店をおおまかに分類すると次のようになるだろう。

焼肉店：焼肉とさまざまな一品料理類を提供する店。韓国風、和風、欧米風など多様な雰囲気の店がある。

韓国・朝鮮料理店：韓国の宮廷料理や一品料理類を提供する店で焼肉も扱う。

韓国家庭料理店：韓国の家庭料理を主とする店。焼肉メニューがないのが一般的。

新韓国料理店：ニューカマーが経営する店で、現代の韓国料理を提供する。

単品韓国料理店：ピビンパッなどの単品料理類をメインに提供する。チェーン店が多い。

看板も従来の「焼肉」や「韓国料理」、「朝鮮料理」のほかに、「韓国家庭料理」、「韓国伝統料理」、「韓国酒家」、「韓国炉端」などと、さまざまに表現されるようになった。

以上で見てきたように、初期には朝鮮料理店の焼肉店への集約化が起こるが、八〇年代以降から多様化へと転じて今日に至っている。

2　焼肉の発展――韓国編――

前節では日本の焼肉が、社会の影響を受けながら、独自のスタイルを確立・発展させてきた姿を見てきた。ではもう一方の焼肉の地、韓国ではどうだったのだろう。ここではその発展の様相について見ていきたい。

（1）焼肉の復活

焼肉の流入と消滅

第一章で述べたように、客が自分で焼いて食べる形式の焼肉が一九四〇年頃に日本から伝来するが、食べ方が朝鮮の伝統文化と折り合いがつかず、そのため、客が焼くのを女性給仕（アガシ）が補佐する形に変化する。これが「韓国式焼肉」で、その形式が、既存のソウル系カルビチプやプルコギ屋にも取り込まれたとみられる。

こうして朝鮮の焼肉店は、日本から伝来した焼肉食堂系統と、在来のソウル系カルビチプ系統、そしてプルコギ屋系統が共存することになる。

しかし、戦時色が強まったこの時期に、贅沢料理である焼肉の活躍できる余地は残されていなかった。そして一九四一年から太平洋戦争が始まり、ほどなくして戦局は悪化へと向かっていく。こうして焼肉店は存続できる社会的な基盤を失い、消滅してしまった。

日本の敗戦と朝鮮戦争

日本の敗戦（一九四五年）によって、朝鮮は三十五年間に及ぶ植民地支配から解放される。しかし、半島の北にはソ連軍が、南側には米軍が進駐して対峙する形となり、結局は南北それぞれに国家が誕生する（一九四八年）。この政治的な激動のなかで、焼肉が復活する。

しかしこの復活は、続いて起こる朝鮮戦争（一九五〇—五三年）によってかき消されてしまう。同じ民族が相争うこの戦争は、戦線がローラーを轢くように南下と北上を繰り返し、朝鮮半島は焦土と化した。

図３―５　朝鮮戦争で焦土と化したソウル

悲惨なこの戦争も、1953年の終戦協定によって終結する。そして南北二つの国家は、戦争が始まる前とほぼ同じ領域のまま並存することになった。この焦土においても焼肉は、不死鳥のように復活する。

焼肉の復活

韓国の料理文化史の書『우리 생활100연・음식（わたしたちの生活百年・飲食）』（韓福真、二〇〇一年）を見ると、「プルコギという言葉は、解放直後頃の街の大衆食堂で、薄く切った牛肉を味付けして焼いて商売したことから生まれた名である」とある。

プルコギの名の誕生はこれよりもっと早いし、この文がどんな根拠に基づいて書かれたのかよくわからないが、解放（一九四五年）直後に「薄く切った牛肉を味付けして焼く商売」があったとすれば、それこそがプルコギの復活と見ることができる。そしてこの店は、プルコギを商品にしていることから、プルコギ屋系統もしくは焼肉食堂系統の店だったことになる。

カルビチプ系統の店の復活も早かった。

水原《スウォン》はソウルの南方約四十キロメートルにあり、世界遺産の華城《ファソン》（十八世紀末の城塞遺跡）がある街として有名だが、カルビ焼きもまた名物として知られている。

その料理を広めたのが、李貴成《イキソン》という人物であった。彼はもともと解放直後に水原栄洞《ヨンドン》市場サジョン通りで、カルビのヘジャングッ（酔い覚まし汁）や蒸し煮を作っていたが、朝鮮戦争後に、宮中や名門家のカルビ焼きの作り方を学んで店の料理にし、これが美食家たちの話題になった（『東亜日報』一九九三年四月十七日）。それ以来この街のカルビ焼きは繁栄を重ね、今日では五十もの専門店が軒を連ねるほどに活況を呈している。

カルビ焼きは、水原を含む各地で復活する。その状況を、李孝枝《イヒョジ》の『한국음식의 맛과 멋（韓国料理の味と趣）』や、慶南大学校伝統食生活文化研究院長・金ヨンボクのブログなどから、要約して紹介しよう。

各地のカルビ焼き

水原カルビ：豊かな味と、カルビが大きいのに特徴がある。一九五六年に水原で始まり、全国に広がった。肉は、塩と砂糖（六対一）、胡椒、ごま塩、ごま油、ニンニクで味つけする。醤油を使わないので肉の色が変化せず、味も淡白になる。

海雲台《ヘウンデ》カルビ：釜山の海雲台（海岸の温泉地）で一九五〇年に始まり、六〇年代から名声が出て、全国にブームを巻き起こした。タレは醤油に水を加え（五対一）て作り、焼く前にすばやく味付けする。

二東《イドン》カルビ：京畿道《キョンギ》・二東地方（ソウルの北東にある休戦ライン近くの山に囲まれた町）で、北朝鮮から避難してきた金ジョンミンおばあさんが六〇年代に始めたものという。普通のカルビの半分の幅に切って数をたくさんに作り、醤油系のタレに浸けてから焼く。うまいといううわさで全国に広がった。

麻浦《マポ》カルビ：麻浦とは、漢江《ハンガン》沿いにあるソウルの一地区をいう。本来は豚《テジ》カルビを主にしていたが、〝麻浦の渡し〟を行き来する人夫たちの酒の肴として発達した。タレは、醤油と水（四対一）、水飴、野菜、生姜、ごま油、ごま塩、砂糖、梨の汁などで作る。これにカルビを一日程度浸け、炭火や練炭火で焼く。

以上で見たように、プルコギやカルビ焼きの復活は思いのほか早かった。そして肉の消費が増加へと転じる六〇年代以降から、店が繁盛し店舗の数が増大していった。

ジンギスカンの影響

解放（一九四五年）以降の韓国の焼肉店では、中央部が凸型に膨らんだ鍋がよく見受けられた。形は写真（図3－6、7）からわかるように、剣道の面のようなものや、スリットの入った凸型のものなどがあった。

もともとは平らな金網が使われていたのに、突然に凸型の鍋に変化したのはなぜだろう。それは他から、何らかの影響を受けたためとしか考えられない。しかも鍋の形が、ジンギスカン鍋（図3－8、図1－14、図1－16）とよく似ている。このことからこの鍋は、ジンギスカン鍋に由来するとみることができる。

ジンギスカンは三〇年代前半頃から日本で流行し、日本の統治領域にも広がるが、朝鮮では昭和九（一九三四）年から羊の増産が図られるので、この頃から普及したと考えられる。

記録も残っており、昭和十三（一九三八）年七月号の『食道楽』（高田亮平「旅の食物・其他」）に、「大同江（平壌《ピョンヤン》を流れる川…引用者注）に舟を浮べて味つた思吉斯汗《ジンギスカン》料理はよかつた」とある。また家庭でも食べられ、家庭用のジンギスカン鍋が市販されている（図1－15参照、三六ページ）。

プルコギ鍋の誕生とその後の変化

朝鮮の焼肉料理は、肉を焦がさないようにするのが伝統であった。そのため、水に濡らした紙を鉄網の上に敷いて焼くことが行われたが、それは肉が直火にあたらずに、焦げることなく柔らかく焼けるためであった。そこにジンギスカン鍋が現れる。この鍋は中央が盛り上っているので、肉が火から離れ、水に濡らした紙に近い効果が期待できるのではなかろうか。おそらくはそのように考えて、焼肉用にジンギスカン鍋が使われるようになり、これが改良され

図３－６　70年代のカルビ焼き
（ソウルの「富一《プイル》カルビ店」）
鍋は剣道の面のように鉄の丸棒を張って、凸型に作られている。左下に、ツケダレの皿が見える。

図３－７　80年代のカルビ焼きの鍋（ソウル）
（日本交通公社〔現JTBパブリッシング〕発行『旅』1987年６月号より転載）
放射状のスリットの入った凸型の鍋が使われている。ただし、カルビ焼きは今日では、平らな網かスリットの入った金属板で焼く。

図３－８　ジンギスカン料理店の鍋
（60年代の日本）
（『大阪うまいもん』1965年　むさし書房）
大阪・キタの有名店・ミュンヘン北店《きたみせ》のジンギスカン鍋。スリットの入った凸型の鉄鍋が使われている。

てプルコギ鍋になったのだろう。

プルコギ鍋はプルコギだけでなく、カルビ焼きにも使われた（図3－6、7）。だがカルビ焼きの方はなぜか、従来の金網やスリットの入った平らな金属板の使用へと戻ってゆき、プルコギだけがプルコギ鍋を使い続ける。そしてその間に、料理法そのものが変化（多様化）していくのである。

プルコギの料理法の多様化

プルコギは、薄く切った精肉をタレに浸け、金網の上で焼くものだった（図1－17、四五ページ）が、プルコギ鍋を使うようになってから、新しいスタイルのプルコギが次々に生み出されていった。それらを出現順に紹介しよう。

【プルコギの新しい料理法（出現順）】

①**野菜なしのすき焼き風料理**…肉に汁を加え、プルコギ鍋で焼く（水分が多いので煙は上がらない）。砂糖を多く入れて調味するため、すき焼きのような味になる。

②**すき焼き風料理**…肉に汁と野菜を混ぜ、プルコギ鍋で焼く。焼くと煮汁が鍋の周縁の溝に溜まるが、この汁は飲んだり麺を煮たりするのに使う。

③**肉と野菜の鍋料理**…肉に野菜などを混ぜ、普通形（凹型）の金属製鍋で煮る。

④**肉と野菜の石鍋料理**…肉に野菜などを混ぜ、石鍋（凹型）で焼く（煮る）。

①への移行は六〇年代初め頃から始まり、ゆっくりと②に変化していった。③の出現は九〇年代以降とみられ、それに次いで④のタイプが現れた。そして現在は、②・③・④がともに盛んである。ただし旧来の網焼き式のプルコギもなくなったわけではなく、細々ではあるが続いている。

プルコギはもともと焼肉の一種であったが、今日では鍋料理タイプが主流になり、現在もなお変化・発展の途上にある。

（2）韓国の内臓焼肉

第二章で、内臓焼肉は日本で誕生したと述べた。だが、内臓焼肉は韓国にも存在する。とすればこの両者にはどん

図3－9　70年代のプルコギ（ソウルの「西来館《ソレガン》」）
肉の上にネギのようなものをのせて焼いているので、本文の説明の、①から②に移行する段階といえる。

図3－10　トルソップルコギ（石焼プルコギ）
（JTBパブリッシング発行『ワールドガイド　指差し簡単会話　食べ歩き韓国』2002年より転載）
石鍋で焼くタイプのプルコギ（本文の説明の④の段階）。タレや野菜から出る水分、そして肉汁のもとで焼く（煮る）。

な関係があるのだろう。それを知るために、朝鮮・韓国の内臓焼肉の歴史について考えてみよう。

朝鮮・韓国の内臓焼肉前史

「はじめに」で紹介した通説としての「焼肉史」によると、「朝鮮では内臓は煮込むのが主体で、焼いて食べるのは在日が始めたものだ」とあった。しかし朝鮮朝時代には、内臓焼肉料理が比較的に豊富で、宮廷料理には、牛の胃、腎臓、脊髄、心臓、直腸などを焼く料理があり、上流支配層には、雑散炙《チャブサンジョク》や醬散炙《チャンサンジョク》(10)という名の料理があった。

この伝統は植民地時代にも引き継がれ、当時の料理書にも同様の料理が収録されている。だがそれらは基本的に上流層のものであって、庶民の口には入りにくいものであった。それは、家畜一頭から取れる内臓の量が肉よりずっと少なく、ご馳走として位置づけられていたためであった。

また飲食店では、生の内臓はいたみやすく保存がきかないことから、入手したらすぐに煮物や汁物に加工することが多く、生の状態で焼くことはほとんどなかった。そして焼く場合は日本と同様に、湯がいたりして熱を通しておいたものが用いられた。

だが、経済が発展して内臓の供給量が増加し、一般の飲食店に冷蔵器具が普及すると、生の内臓を焼いて食べる料理が作られ始め、専門店が出現する。

内臓焼肉の登場

では具体的に、専門店はどのようにして誕生したのだろう。その歴史を探りたくて、ソウルと釜山の内臓料理店を訪ねてみたことがある。

ソウル・東大門《トンデムン》市場近くの路地裏に、小さな内臓料理店が七〜八店密集する一角がある。そのとある一軒を訪れたのは数年前のことだった。

路地に面した四角い鉄板焼き台に、炒めたコプチャン（小腸）がのっている。注文すると、これに野菜や春雨、トウガラシ粉などを加えて炒め、鉄鍋に移し入れて客の前のコンロまで運び、客はそれをつつきあって食べる。

鍋を囲んで食べる形式は持つが、調理を終えたものを客に出すところからすると、「調理したものを客に出す」という昔ながらのやり方に、「鍋を囲んで食べる」という新しい食べ方を付け足したもののようにみえる。

その前年には、釜山・南浦洞《ナンポドン》のヤンコプチャン通り（地下鉄・チャガルチ市場駅のすぐ南を東西に走る路地）を訪れた。ヤンコプチャンとは「ミノ（牛の第一胃）と小腸」という意味で、この名のごとくその通りには牛の内臓料理店が密集していた。

その中の、「白花《ペックァ》」という老舗の店に入った。店に入ると、カウンターで囲んだ区画がたくさんあり、それぞれにアジュマ（おばさん）が二人いて、彼女らが調理を担当していた。

早速カウンターに座って注文すると、大きなアイスボックスから、かたまり状のヤン（ミノ）やヨムトン（心臓）や、紐状のコプチャン（小腸）を取り出し、表皮をめくったり切ったりする一方で、粉唐辛子やニンニク、味噌・醤油のようなものを混ぜてタレを作り、それを先の内臓類と混ぜ合わせ、カウンターにはめ込まれたコンロ（練炭火）で焼く。ほどよく焼けた頃に、ハサミで食べごろの大きさに切り、客に食べるよう勧める。客は網の上の焼けたモツをつまんで、タレを付けて食べる。コプチャン（小腸）は筒状のままで、なんともいえない味わいがあり、ヤン（ミノ）は硬すぎず快い歯ごたえがあってとてもうまかった。注文すれば塩焼きもしてくれる。

客の前で焼いて、焼けたら客に食べるよう勧めるスタイルや、二〜三人がひとつのコンロを囲んで食べる食べ方は、韓国式焼肉に類似している。違いは、目の前で下ごしらえをすることや、テーブルではなくカウンターで食べることだ。

もうひとつは八年ほど前に、夕食を食べたくて一人でさまよい、ソウル・仁寺洞《インサドン》の路地裏のとある飲食店に入って見つけたものだった。

〝トガニタン（牛膝の軟骨スープ）〟の看板に誘われて店に入ると、柱には「양구이《ヤンクイ》（ミノ［牛の第一胃］の焼肉）一三〇〇〇ウォン」と書いた紙が張られ、壁には、腸、心臓、肝臓などのハングル文字が並んでいたので、少し驚いた。そこはつまり、牛の内臓料理専門店だったのだ。

少し離れたテーブルで、子連れ夫婦がコプチャン（小腸）の蒸焼きを食べているのが目に入った。その様子を説明すると、石釜に長さ十センチ程度の筒状の小腸を入れ、蓋をして蒸し焼きにする。できあがった頃に店員がやってきて、焼けた腸をハサミで食べやすい長さに切って、食べるように勧める。

このように韓国にも、内臓焼肉がある。しかしその姿はさまざまで、ソウル・東大門のそれは野菜などを混ぜて鍋で焼くところが鍋料理風のプルコギに近く（味は異なる）、釜山のそれは網焼き式であるところが日本の内臓焼肉の焼き方に近く、ソウル・仁寺洞のものは蒸焼き式で先の二つとはまったく別のものだった。しかも調味や味わいが、日本の内臓焼肉とはまったく異なる。内臓の下ごしらえも、たとえば小腸は切り開かず筒のまま焼く。

これらのことから韓国の内臓焼肉は、日本のそれとは系統を異にするとみることができる。また、いずれも料理人の関与が強く、客が自分で焼きながら食べる要素が少ないのは、これまで見てきた韓国式焼肉とよく似ている。おそらくは、各地で独自に誕生した内臓焼肉料理が、焼きながら食べる韓国式焼肉のスタイルを取り入れて、今日見られるようなものになったと想像される。

一方、八〇年代に入ると新しい内臓焼肉が出現する。それは〝アムソハンマリ〟（牝牛一頭という意味）といい、注文すると、精肉や内臓の代表的な部位を盛り合わせた皿が出てくる。これは、一頭を丸ごと食べることを象徴したものだという。祭礼で捧げるいけにえの家畜は、一頭丸ごとが理想であることからすると、この料理は最高級のもてなしという意味になるだろう。

アムソハンマリの特徴は、同じコンロで精肉と内臓を一緒に焼いて食べる点にある。以前に、同じコンロで精肉と内臓を一緒に焼いて食べる焼肉を日本式焼肉と定義したが、これに従うと、アムソハンマリも日本式焼肉ということになる。だがこの焼肉は、一頭丸ごと食べるといった象徴性を具現化するために生まれたものであることを考慮すると、日本の内臓焼肉とは起源を異にするもの、つまり別系統と考えることができる。

図３－11　アムソハンマリ（撮影　名智健二氏）
（『Ｂ級グルメが見た韓国』文藝春秋、1989年）
注文すると、精肉や内臓の各部位がきれいに並べられた皿が出てくる。これを炭火で焼き、塩入りゴマ油をつけてサンチュ（チシャの葉）に包んで食べる。

内臓焼肉の起源

植民地時代の安飲み屋には、皿に盛って出す形式の内臓焼肉料理があったが、それは湯がいておいた内臓を使ったものだった（『焼肉の文化史』）。それを生の内臓に代えようとすれば、冷蔵器具が必要になる。

韓国の庶民的な飲み屋に、冷蔵器具がいつごろから普及したのはかはわからないが、釜山の内臓焼肉店「白花」の創業は一九八〇年頃であったし、ソウル・東大門市場近くに内臓料理店の横丁が作られたのも、同じく一九八〇年頃であった（いずれも店員談による）。また、ソウル・仁寺洞の店の牛の小腸の蒸し焼き料理は、『外来の食の文化』（熊倉功夫、石毛直道編、一九八八年）に〝トルコプチャン〟（意訳すれば〝石焼きホルモン〟）という名で紹介されていることから、これも二十年以上の歴史がある料理と推測される。

これらから推定すると、冷蔵器具の庶民店への普及は一九七〇年代頃ではなかったかと思われる。それ以降、生の内臓を焼いて食べる料理の普及が始まり、八〇年頃から、専門店が集合する横丁が形成されたと想定される。

日本では闇市時代に、精肉がヤミに流れて入手が難しくなったことから、精肉焼肉の代用に内臓が用いられるようになったが、朝鮮半島では、精肉と内臓の価格差がもともと大きくなく、内臓を精肉の代用にするというような発想の生まれる素地がまったく存在しなかった。そのため韓国の内臓焼肉はあくまで内臓料理のバリエーションとして誕生し、地域に根ざして個性豊かに花開いたということができる。

（3）焼肉の発展

韓国では一九五〇～六〇年代に、カルビ焼きやプルコギの専門店が各地に出現したことを以前に紹介したが、その後の変化・発展の歴史を、年代を追いながら見ていくことにしよう。

六〇年代の焼肉

六〇年代のプルコギ店の例を、『続　韓国よいとこ（オンドルの国・拝見）』（芝田徳次、一九六七年）から覗いてみよう。

「サボイホテルの向かい側に、三五亭と称するプルコギハウスがある。この辺りは忠武路と呼ばれている。この三五亭は明洞にも支店があって、もう一つ鐘路に本店を持ち、市民劇場の隣に立派なビルの建築を急いでいる韓一館とが、ソウルの有名な大衆食堂といえるだろう。（中略）この三五亭は、仲々立派な建物で、三階建になっている。勿論、一階は椅子席、二、三階はオンドルの部屋で相席になっている」

日本では六〇年代に、三、四階建ての焼肉店が各地にできるが、それを追いかけるように、ソウルでも同規模の店ができていたのである。その店のプルコギは、次のようなものであった。

「さて、プルコギとは韓国式焼肉のことだが、日本の韓国料理屋でやっているような網焼きとは少し勝手が違う。炭火かガスの上に、ジンギスカン鍋で使っている富士山型の鉄板というか、網というか、しかもそれに穴があいていて、麓にはスープが溜まるようになっている。（中略）プルコギは甘すぎるせいか、どうも日本人の口に合わない、特に最近のソウルの味は甘さが流行のようだ。尤も、すき焼きの野菜抜きと思えばよい訳だが、私にはどうも塩プルコギの方が日本人の口に合うと思う。これは文字の通り肉の塩焼きである」

図３－12　プルコギハウス「三五亭」
（『続　韓国よいとこ（オンドルの国・拝見）』東洋経済日報社）
中央の三階建てのビルが「三五亭」

ここからこのプルコギは、「野菜なしのすき焼き風料理」（前述した【プルコギの新しい料理法】の①の段階）であったことがわかる。また〝塩プルコギ〟なるメニューもあるが、これは後

図3―13　ソグムクイ（塩焼き、70年代）
ソグムクイは炭火の直火焼きが基本だが、写真のように鉄板焼きのものもある。

図3―14　ロースクイ
（ロース焼き、70年代）
冷凍ロース肉を切ったものを鉄板で焼いて、塩やタレ（小皿に盛られている）をつけて食べる。

で紹介する〝ソグムクイ（塩焼き）〟のことだろう。
六〇年代の韓国では、ここに示したような大型店は数えるほどしかなく、ほとんどが小規模な店であった。しかも肉の消費量がまだ低いレベルにあったことから、その数でさえ多くはなかった。

七〇年代の焼肉

七〇年代に入ると、六〇年代に見られたカルビ焼き、プルコギ、そしてソグムクイ（塩焼き）の人気が高まる。その流行の状況を見ていこう。

① カルビクイ（カルビ焼き）の流行

カルビ焼きの店は六〇年代に人気となるが、七〇年代にはさらに人気が高まる。先に紹介した水原カルビは、当時の朴正熙《パクチョンヒ》大統領（在任：一九六三〜七九年）が食べに訪れるほど有名であった。

② プルコギの流行

六〇年代に引き続いて流行し、プルコギ鍋を使うタイプが主流を占めた。料理法では、肉に汁を加えて焼くタイプ

（【プルコギの新しい料理法】の①の段階）と、肉に汁と野菜（ネギ）を混ぜて焼くタイプ（同じく②の初期段階、図3－9、一四一ページ）が多く見られた。

③ソグムクイ（塩焼き）の流行

七〇年代早々に流行し、一九七四年刊の『ブルーガイド海外版　韓国の旅』には、「最近、ソゴムクイ（塩焼きの意）専門という店をよく見かける」とある。これは、前述（二〇ページ）の〝パンジャクイ（房子《パンジャ》焼き）〟系の焼肉で、焼いてから塩をふって食べたり、肉に塩をふってから焼いたりするものであった。

④ロースクイ（ロース焼き）の流行

一九八七年刊の『焼肉文化と刺身文化』（はやし弘祥）に、ロースクイは韓国の焼肉の〝四天王〟の一つとあるが、これも七〇年代に流行したようだ。作り方はロース肉を冷凍させ、四～五センチ角、厚さ五ミリに切って鉄板で焼いて食べる（『日本の焼肉　韓国の刺身』）。冷凍肉を切ることや、ロースという英語起源の言葉で呼ぶことからすると、西洋料理の影響によるものかもしれない。

ここにあげた①から④の焼肉は、基本的に別個の料理として扱われ、それぞれが専門店を構え、〝カルビ店〟、〝プルコギ店〟、〝ソグムクイ店〟などと呼ばれた。また、複数の焼肉メニューをそろえる店の場合は、いずれかひとつが店の「お勧め」であることが多かった。そして一度に複数の焼肉メニューを注文することはなく、同じロースター（焼き器）を囲むメンバーが同一の焼肉を、たとえばカルビ焼きであればそれのみを焼いて食べるのが原則であり、これは今も変わっていない。

注文すると、まず、お代わり自由のナムルやキムチ、生ニンニクなどがずらりとテーブルに並び、カルビ焼きであればアガシ（女店員）が鉄鍋の上で焼き、頃合いを見計らってハサミで切って客に食べるよう勧める（これも現在と変

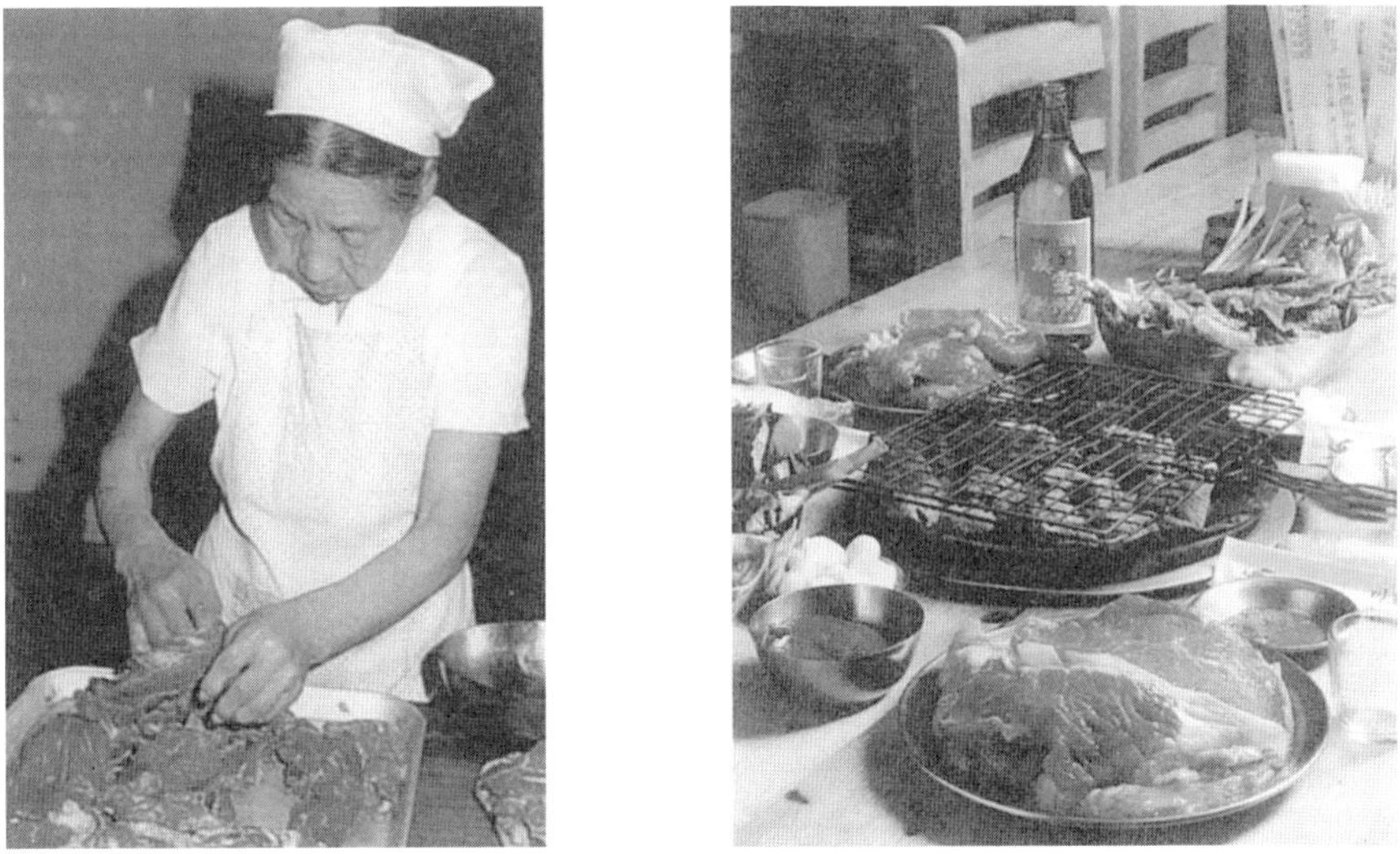

図3—15　タレを揉み込むチュムルロク（別冊太陽『新発見韓国』平凡社、1985年）

わらない）。

八〇年代の焼肉

八〇年代は、韓江《ハンガン》の奇跡と呼ばれる驚異的な工業化と経済発展を遂げた時代である。肉の消費量は急激に増大し、焼肉店も大いに発展し、新たな焼肉が流行する。

①〝チュムルロク〟の流行

〝チュムルロク〟の流行は七〇年代末以降のことで、八〇年代には〝チュムルロク店〟が日本のグラフ誌にも紹介される（図3－15）ほど増加した。

〝チュムルロク〟とは、ロース肉に塩とゴマのタレをよく揉み込み、金網か鉄板の上で焼くもので、タレを肉にチュムルロクする（よく揉む）ことからこの名がついた。ソグムクイ（塩焼き）から派生した焼肉と思われる。

②〝アムソハンマリ〟の流行

次いで、内臓焼肉のところで紹介した〝アムソハンマリ〟が流行する。この焼肉は、精肉や内臓の代表的な部位（ロース、バラ肉、モモ肉、スネ肉、小腸、腎臓、心臓など）を炭火で焼き、塩入りゴマ油をつけ、サンチュ（チシャの葉）に包んで食べるもので（『B級グルメが見た韓国』）、近年ではこれを〝モドゥムクイ（盛り合わせ焼肉）〟と称することが多い。生肉を焼いて塩などで味付けて食べることから、これもソグムクイ（塩焼き）系の焼肉といえる。

韓国では、牛、豚、鶏の種類別に料理店が分かれ、精肉と内臓も店を別にするのが基本で、そのため精肉と内臓の両方を食べることのできる焼肉店は存在しなかった。アムソハンマリ店はその原則を覆し、精肉と内臓を同じコンロで焼いて食べる料理を韓国で初めて提供したことになる。

図3−16　ソウルのヤキニク店「大和屋《テーファオク》」（『東亜日報』2001年4月7日）

ソウルの日本式焼肉店。中央の無煙ロースターを囲んで、肉の盛り合わせやツケダレの皿などが並ぶ。

九〇年代以降

九〇年代以降は、肉の消費量がそれまで以上に増加し、焼肉のバリエーションもさらに増えていく。その一方で、八八年のソウル五輪前後から日本との交流が増大し、日本の焼肉文化も流入する。

①生肉《センコギ》焼肉の流行

焼肉はもともと、肉をタレに浸し味付けしてから焼くのが基本だったが、九〇年代には味付けしない生のままの肉を焼いて、塩入りゴマ油などをつける食べ方が流行した。これは、味付け肉を焼く従来の焼肉をしのぐまでに人気を集める。焼肉店では、生肉と味付け肉の両方をメニューにそろえ、前者をセン〇〇（センは生の意味）、後者をヤンニョム〇〇（ヤンニョムは〝味付け〟の意味）と呼んで区別し、〇〇には、カルビ（あばら肉）、ドウンシム（ロース肉）、アンシム（ヒレ肉）、チャドルバギ（アバラ肉近くから取れる脂分の多い肉）などの肉の部位名を入れた。

生肉焼肉の流行により、ひとつの部位が生《セン》と味付け《ヤンニョム》で食べられるようになり、焼肉のメニューが一気に増加した。

②　無煙ロースターの伝来

無煙ロースターが日本から伝来し、高級店から導入が始まる。その効果は日本と同様で、これによって焼肉業界に新たな発展が約束された。

③　日本式焼肉店の出現

日本式焼肉店が流入し、二〇〇〇年頃から若者を中心に人気を集める。その焼肉は「下味をつけない生肉を炭火で焼いて、各種のソースを付けて食べる」（『東亜日報』二〇〇一年四月七日）ものであった。したがってこれは、日本の焼肉店の焼肉というよりは、生肉を焼いて〝焼肉のタレ〟をつけて食べる日本の家庭の焼肉が伝来したもののように思われる。また日本式の内臓焼肉も流入し、〝タン（牛の舌）〟〝ホルモン（牛の大腸）〟〝ミノ（牛の第一胃）〟など、日本での呼称そのままに売る店も出現した（前掲新聞）。

④　焼肉店のデパート化

焼肉メニューが増加すると、メニューをさらに増加させ、集客力を上げようとする動きが出てくる。そのためこれまでの垣根を取り払い、精肉から内臓、さらに豚肉までをとりそろえる店が現れる。この現象を〝焼肉店のデパート化〟と呼ぶことにしたい。その例をひとつ示しておこう。

ソウルのある焼肉店の焼肉メニュー（メニューの豊富な店の例）

ドゥンシム（ロース）
スップルヤンニョムカルビ（炭焼き味付けカルビ）
センカルビ（生カルビ）
チュムルロク（タレの揉み込み肉）
チャドルパギ（アバラ肉近くから取れる脂分の多い肉）
ソコギモドゥム（牛肉盛り合わせ）
ウソル（牛の舌）
ヤンクイ（ミノ焼き）
マッチャングイ（ギアラ焼き）
プルコギ
テジワンカルビ（豚の特大カルビ）
センサムギョプサル（「生《セン》」の豚の三枚肉）

これを見ると、牛の精肉では、ロースやチャドルパギ、チュムルロク（タレの揉み込み肉）などがあり、内臓では、牛の舌、ミノ（第一胃）、ギアラ（第四胃、赤センマイともいう）などがある。そして豚肉では、豚カルビとサムギョプサル（三枚肉）をそろえている。まさに焼肉のデパートといった観がある。こうした店は客の絶対数が多いことが前提になるので、ソウルのような大都会の大型店においてのみ可能であろう。

以上を振り返ると、韓国では解放（一九四五年）以来、焼肉と焼肉店が多様化へとまっしぐらに進んできたことがわかる。そしてこれからも、さまざまな焼肉や焼肉店が生まれたり消滅したりしながら多様化への道を突き進んでいくものと予想される。

註

（1）北朝鮮と中国（満州）では焼肉が復活しなかったが、それは社会体制による制約のためと考えられる。今日見られる焼肉は、後に日本や韓国から流入したものだろう。

（2）大昌園は五階建ての驚くほどりっぱな店で、銀座六丁目にあった。もともとは神田駅の近くでおばさんが炭火で肉を焼く小さな店だったが、あっという間に大きなビルになったという（『東京うまい店２００店』一九六三年）。

（3）「食道園」と「明月館」は戦前・戦後を問わず、同名の店が多数存在するので、店の場所を併記して「大阪・千日前の食道園」や「東京・新宿西口の明月館」のように表記する必要がある。しかし煩雑なので、「食道園」、「明月館」と略称する。

（4）「明月館」では腸（テッチャン）は従業員の食べもので、店には出さなかった（『日本焼肉物語』）。

（5）「食道園」の創業者・林光植（後の江崎光男）は解放（一九四五年）後のソウルで平壌冷麺店を開くが、そのときにソウル系カルビチプを見聞したのかもしれない（あるいはソウルの店そのものがソウル系カルビチプ系統の店だったかもしれない）。

（6）大阪万国博覧会は、大阪の千里丘陵で百八十三日間にわたって開催された国家的大イベントで、総入場者数が万博史上最多の約六千四百万人に達するほど人気があった。（現在は、二〇一〇年開催の上海万博が最多）

（7）「焼肉は朝鮮料理の代表」とする考えは韓国では通用しない（日本人を相手とする観光業者を除く）。それはたとえば、韓国の朝鮮料理店（韓国では〝韓食店《ハンシク》〟という）のメニューに焼肉がないことからもわかる。韓国の焼肉は、専門店の料理であって、朝鮮料理の代表ではない。

(8) 豚の三枚肉を焼いて、胡麻油・塩・コショウで作ったタレをつけ、サンチュ（チシャの葉）に包んで食べる。豚肉の焼肉は安くて美味しく、韓国では非常に人気がある。

(9) 日本料理系の焼肉店には、モツ焼きの伝統を受け継いだホルモン店と、和風の焼肉料理の伝統を受け継いだ焼肉店（「和風焼肉店」）がある。ホルモン店では、モツ焼きの伝統を引き継いで牛だけでなく豚の内臓も焼肉にする（関東に比較的に多い）。和風焼肉店は、和風焼肉のほかに、野菜焼きや和風の一品料理類をメニューに持つところが多い。

(10) 雑散炙は、下味をつけた牛の心臓、肝臓、腸、第一胃（ミノ）などの部位を串に刺して焼いたもの。醤散炙は、同様の部位を串に刺し、タレ（油と醤油で作り、トウガラシやサンショウを加えることもある）を塗りながら付け焼きにしたもの。

第四章　日本と韓国の焼肉比較

1　焼肉の歴史

これまで焼肉の誕生と発展について述べてきたが、話が複雑でわかりにくいところもあったかもしれない。そこで若干の補足を加えながら、その歴史をおさらいしておきたい。

焼肉の誕生

焼肉は、朝鮮の焼肉料理が「客がみずから焼いて食べる」形式を獲得することによって誕生した。したがって焼肉誕生の歴史とは、「客がみずから焼いて食べる」形式をいかにして獲得していったかをあきらかにすることにある。そういった観点から、焼肉の誕生についてまとめると、図4－1のようになる。

図の説明をすると、朝鮮の伝統料理のノビアニとカルビクイ（カルビ焼き）は、台所で調理するものだったが、チョンゴル（鍋料理）の形式を取り入れたことで、「介添えの人が焼いて皿に盛って出す」形式の料理に変化する。その店舗料理が、プルコギ屋のプルコギとカルビ酒屋のカルビ焼きであった。この二つは人気を得て、ソウルと大阪に伝えられる。

ソウルでは、全羅南道から伝わったカルビ焼きが冷麺屋に取り込まれて、ソウル系カルビチプ（冷麺とカルビ焼きの店）が生まれ、慶尚南道からもプルコギ屋とプルコギが伝わって定着する。

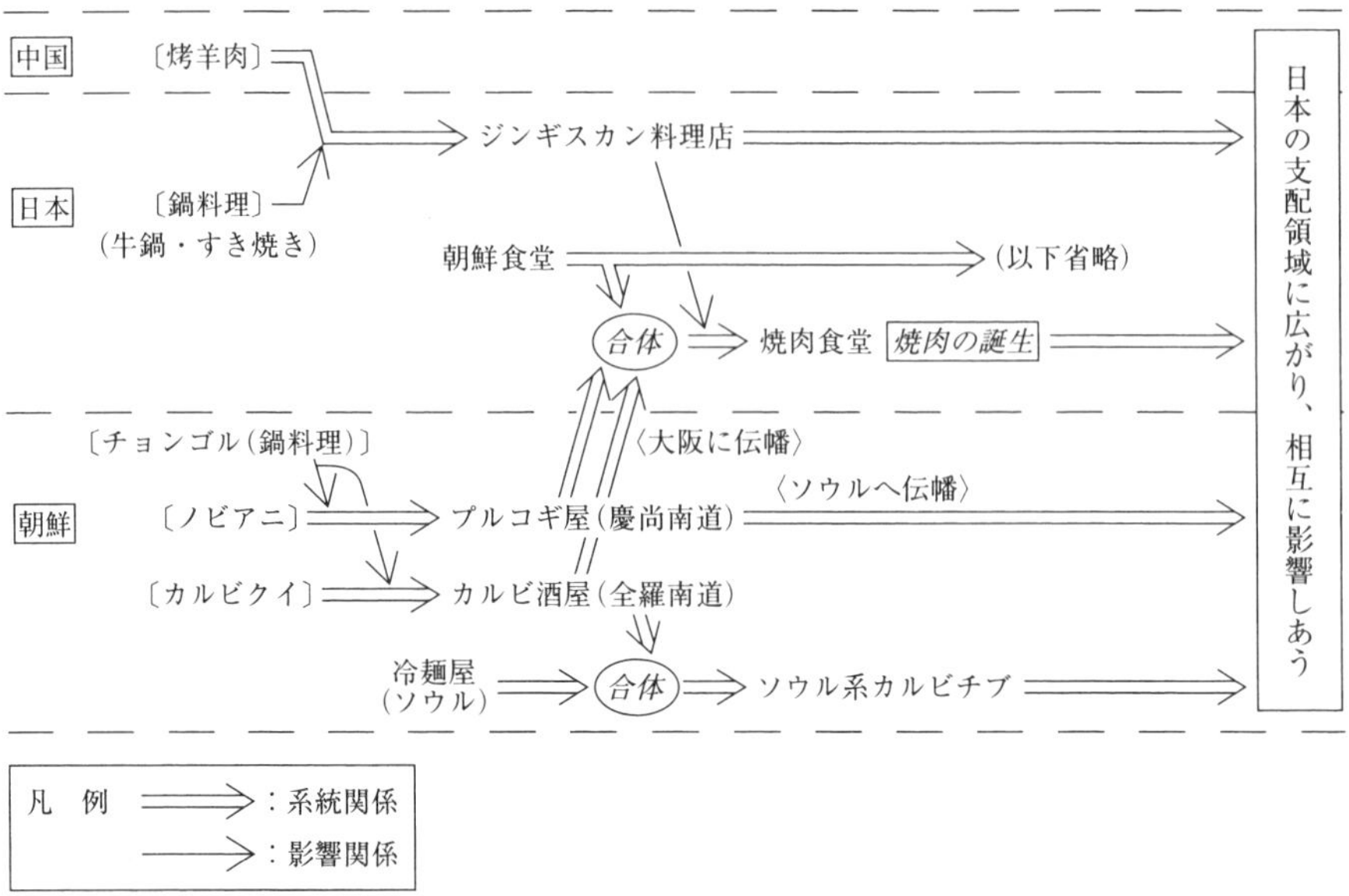

図４—１　焼肉の誕生と伝播（戦前期）

大阪では、同じく伝わったカルビ焼きとプルコギが朝鮮食堂に取り込まれ、焼肉食堂に生まれ変わる。そしてプルコギとカルビ焼きは、流行中のジンギスカンの影響を受けて、「客がみずから焼いて食べる」形式を獲得する。これがすなわち焼肉の誕生であった（一九三〇年代中頃）。

大阪で誕生した焼肉はすぐに、日本の支配領域下にあった満州や朝鮮に伝播し、その地の料理と相互に影響し合いながら定着していった。

以上の出来事を一言でいい表すと、日本の海外侵出と植民地化の進展によって、中国・朝鮮・日本の料理文化が日本で出会って焼肉が誕生し、東アジアの各地に広がっていったことになる。

焼肉の誕生地は大阪・猪飼野であったが、この誕生に直接携わったのは朝鮮人たちであり、満州や朝鮮に広めたのも朝鮮人たちであった。つまり焼肉は、日本の大陸侵略時代に朝鮮南部から大阪・猪飼野に移住した人々が生み出し、広めたものであった。したがって「焼肉は日本で誕生した」というのは少し的外れであって、それよりは「日本の大陸侵略時代に大阪・猪飼野に移り住んだ朝鮮人が作り

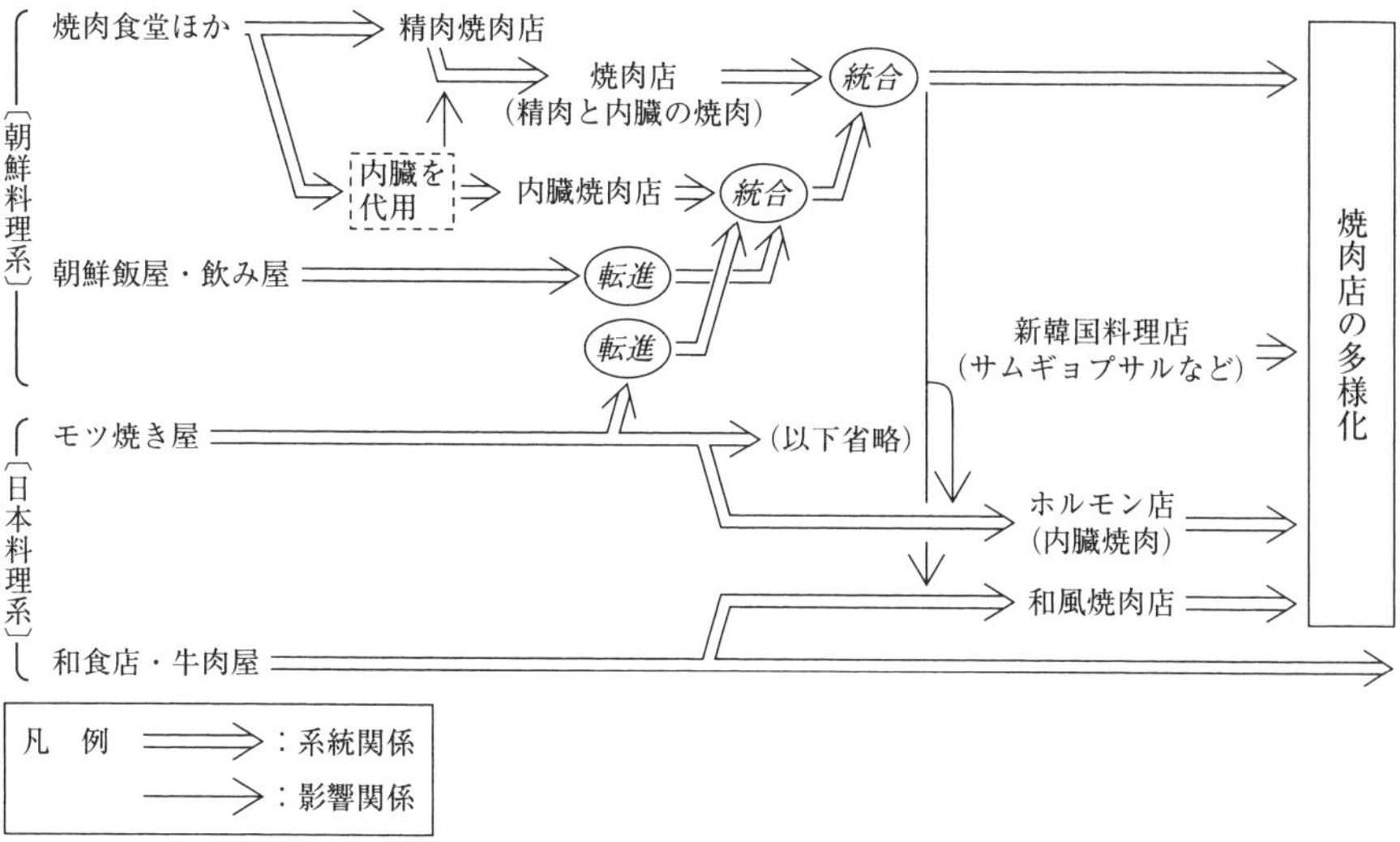

図４―２　戦後日本の焼肉店の発展

出した」とするほうが、より実態に近いように思われる。

戦後日本での展開

戦後日本の、焼肉店の復活とその発展の姿をまとめると、図4―2のようになる。

説明すると、戦後早々に焼肉食堂などに由来する精肉焼肉店が復活し、それと前後して、精肉の代用に内臓を用いる内臓焼肉店が誕生する。

そしてその頃に、牛豚の内臓を串に刺して焼いたモツ焼き（ヤキトリ）や、モツの鉄板炒めが流行し（ホルモン焼きブーム）、これが内臓焼肉にも波及して内臓焼肉の大流行が始まる。このブームに乗り遅れまいと、モツ焼き屋や朝鮮料理店（朝鮮食堂、朝鮮飯屋・朝鮮飲み屋）などが続々と内臓焼肉店に転進していった（五〇年代）。

精肉焼肉店も、この流行に便乗して内臓焼肉をメニューに取り入れてくが、一方の内臓焼肉店も、経済の復興につれて懐の温かくなってきた客に合わせて、精肉焼肉をメニューに取り込んでいった。こうして精肉焼肉店と内臓焼肉店はどちらも、精肉から内臓までを扱う店となって統合される。

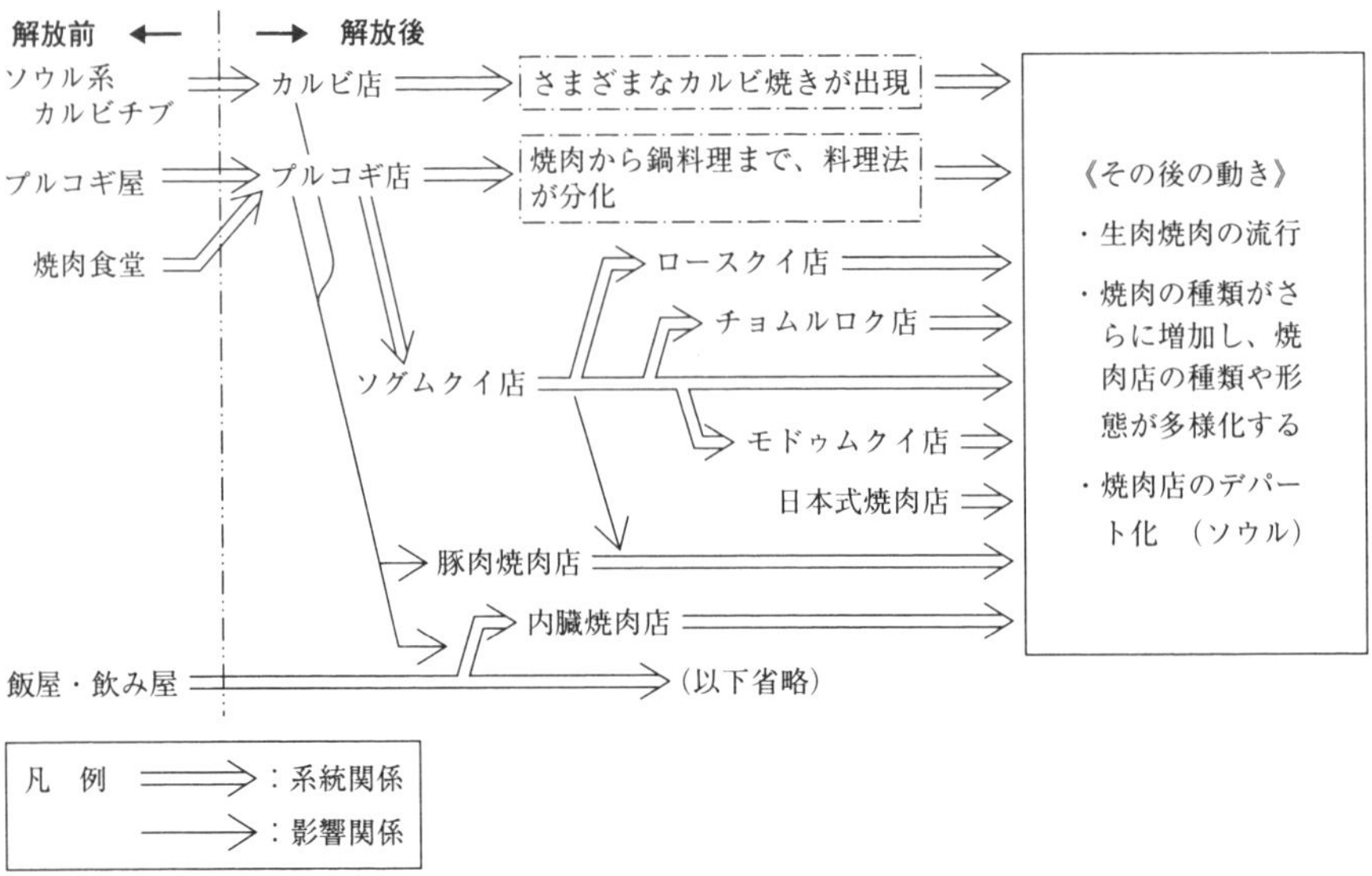

図４－３　韓国の焼肉店の発展

また、数は少ないが日本料理系の焼肉店も存在する。それはモツ焼き系の焼肉を出すホルモン店と、和風の焼肉料理を起源とする和風焼肉店からなっている。近年には、韓国人ニューカマーの増加によって新韓国料理店が店開きし、現代韓国の焼肉（サムギョプサルなど）などが紹介された。その他にも図には示していないが、異業種からの転入組みや欧風的な焼肉店など、さまざまな形態の店が加わり、焼肉店の多様化へとまい進している。

以上の状況を一言でいえば、戦後早々から統合へと向かってきた焼肉店が、八〇年代後半から多様化へと方向転換したことになる。

韓国での展開

韓国の、焼肉店の復活と発展についてまとめたものが、図４－３である。

説明すると、解放後に各地でカルビ店やプルコギ店が復活し、カルビ焼きやプルコギの種類も増加していく。

次いで、ソグムクイ（塩焼き）を出すソグムクイ店が独立し、ソグムクイから派生したロースクイ（ロース焼き）、チュムルロク（タレの揉み込み焼肉）、モドゥムクイ（盛り合わせ焼肉）もそれぞれの専門店を構え独立していった。また、豚肉の焼肉も人気が高く、これもさまざまに発展する。

内臓焼肉は七〇年代頃に誕生し、各地にさまざまなタイプの専門店が生まれた。さらに二〇〇〇年頃に日本式焼肉店が流入し、日本式のツケダレ（焼いた肉につけるタレ）や内臓焼肉を提供する店も現れた。

その後には、生肉の焼肉の大流行などにより焼肉メニューが増加し、現在もさらなる分化と多様化へと進んでいる。これとは反対に、ひとつの店で、牛の精肉・内臓から豚肉までの焼肉を取り揃える店が生まれているが（焼肉店のデパート化）、これもまた焼肉店の多様化の一環と見ることができる。

このように韓国の焼肉と焼肉店は、解放後から終始一貫して、分化・多様化へと進んできた。そしてこれからも、さまざまな焼肉や焼肉店を生み出していくものと思われる。

2　共通点と相違点

焼肉は誕生してすぐに日本の統治領域内に広がっていったが、対外戦争の激化に伴う食糧難によって消滅を余儀なくされる。さらに日本の敗戦によって、かつての流行地はそれぞれが独立し、人や文化の流れが遮断されるに至った（国交回復は韓国が一九六五年、中国が一九七二年、北朝鮮は未完）。

それでも焼肉は日本と韓国で復活を遂げる。そして、それぞれの地の食文化や社会の影響を受けながら大きく発展する。さらに、日韓の相互交流が盛んになる八〇年代以降からは、互いに影響を与え合いながら成長を続けてきた。

そこでここでは、こうして発展・成長した日本と韓国の焼肉の、共通点と異質点について見ていくことにしたい。

（1）日韓の共通点

日韓の焼肉の共通点を眺めると、起源を同じくすることからくるものと、相互の交流によるもの、そして技術の進歩がもたらす同時代的な要因によるものがあることに気がつく。

起源を同じくすることからくる共通点

以下に示すように、焼肉のもっとも基本的な部分に共通性が見られる。

①**料理法**

・肉は薄く切って、下味をつけてから焼くのを基本とする。

・下味用のタレは醤油をベースとし、これにごま油、ネギ、ニンニク、胡椒、砂糖などを加えるのを基本とする。

・焼くときは金網を用い、炭火で直火焼きするのを基本とする。

②**食べ方**

・肉を主体に食べる。

・皆がコンロを囲んで歓談し、焼きながら食べる。

・直箸で食べ、取り皿を使わない。

・キムチやナムルなどと一緒に食べる（ただし日本では食べない人もいる）。

③**名称**

誕生期の焼肉であるプルコギ（焼肉）とカルビクイ（カルビ焼き）の名が共通する。

日韓の交流による共通点

交流による共通点には、日本から韓国に影響を及ぼしたものと、韓国から日本に影響を及ぼしたものがある。

〈日本の焼肉が韓国に影響を及ぼしたもの〉

①無煙ロースター

・無煙ロースターが伝わったことで客層が広がり、市場が拡大した。

②日本式焼肉の流入

・多様なツケダレが工夫されるようになった。

・日本式内臓焼肉をメニューに加える店が現れた。

〈韓国の焼肉が日本に影響を及ぼしたもの〉

①サンチュ（チシャの葉の意味）で包んで食べる食べ方

韓国では焼肉をチシャの葉などに包んで食べる食べ方が七〇年代前半頃に広がるが、これが八〇年代頃に日本に伝来し普及する。今では焼肉用のサンチュがスーパーマーケットで売られるほど一般化した。

②現代韓国の焼肉の流入

サムギョプサル（豚の三枚肉の焼肉）、すき焼き風プルコギ、石鍋プルコギなど、現代韓国の焼肉が流入・定着した。

このほかにも、焼肉の料理法やサイドメニュー、調理器具や備品、調度、接客法、サービス（例えば離店時のチューインガム配布）など、数多くの共通点が生まれたが、その橋渡しには、在日韓国・朝鮮人やニューカマーが大きく関係したとみられる。

技術の進歩による共通点

日韓とも、冷蔵技術が向上したことで鮮度のよいおいしい肉がいつでも入手でき、肉牛の品種や飼育技術の向上によって良質の肉が生産されるようになった。こうして肉本来の味を楽しむことできるようになり、生肉を焼いてタレをつける食べ方が、日韓で広まった。

(2) 日韓の相違点

相違点の多くは、焼肉が日本と韓国に隔てられた後に、それぞれの社会環境や料理文化のもとで独自的に発展したことによって生じたものであった。その主なものを、歴史的な背景を踏まえながら見ていこう。

内臓焼肉と内臓部位の呼称

韓国の内臓の部位名は、コプチャン（小腸のこと）、ヤン（牛の第一胃）、ヨムトン（心臓）、カン（肝臓）というが、日本の焼肉店ではそれぞれ、ホルモン（ないしはテッチャン、トンチャン）、ミノ、ハツ、キモ（ないしはレバ）といい、いずれの部位名も異なっている。また、日本で使われるテッチャン、トンチャン、チレ（脾臓）は朝鮮語起源[1]だが、韓国の内臓焼肉店ではそれらの名がほとんど使われない。

内臓焼肉は、日本では一九四〇年代後半に、韓国では一九七〇年代に誕生するが、両者は前述したように、下ごしらえの仕方や料理法（味付け）に根本的な違いがある。そしてここで示したように、内臓呼称も異なっている。それは料理の起源を異にするためで、起源を同じくする精肉焼肉に共通点が比較的に多いのと比べると、極めて対照的といえる。

ところが鄭大聲は、日本で使われる内臓呼称は朝鮮起源のものが多いと主張した（『朝鮮料理全集　1　肉料理』ほか）。

それによると、ミノ（牛の第一胃のこと）、ガツ（胃）、はちの巣（牛の第二胃）、センマイ（牛の第三胃）、テッチャン（大腸）、コブクロ（子宮）、チレ（脾臓）、ファ（肺）が朝鮮語やその翻訳語あるいはそれに由来する言葉だという。

しかしこの考えは、日本人が内臓を食べなかったとする先入観から生まれた誤解であって、実際には、ミノ、ガツ、はちの巣、センマイ、コブクロ、ファは日本語で、朝鮮語に由来するのはテッチャンとチレだけであった（『焼肉の文化史』）。

日本の内臓呼称は、明治時代以前の言葉を基本とし、これに明治期に入った欧米語のハツ（心臓）やレバ（肝臓）などが在来の日本語と入れ替わり、さらに朝鮮が植民地化された一九一〇年以降に、朝鮮語のテッチャンやチレなどが従来の名称にかぶさって出来上がっている。つまり一部の呼称が外来語に置き換わっているが、それでもなお日本語由来の名称の方が多数を占めているのである。そしてこの事実は、第二章の1で紹介した日本の内臓食の歴史とも、矛盾なくピッタリと整合するのである。

図４－４　ソルロンタン屋

（日本赤十字社『赤十字博物館報』第17号、1936年12月）

左手前の大釜で、牛の頭、骨、内臓などを水炊きにしてスープにする。この店のメニューは大釜で作るこのソルロンタンひとつだけだったとみられる。

専門店に分かれる韓国とメニューをそろえる日本

朝鮮では昔から、一～三品のメニューしか持たない飲食店が多くあり、例えばソルロンタン屋（図４－４）ではソルロンタンだけが、ヘジャングッ屋ではヘジャングッ（二日酔いに効くといわれるスープ料理）がその店の唯一のメニューであったりした。

その伝統のもとに、焼肉の場合もそれだけをメニューにする店が多く出現した。また、ソグムクイ（塩焼き）、チュムルロク

（タレの揉み込み焼肉）、モドゥムクイ（盛り合わせ焼肉）などの新しい焼肉メニューが誕生すると、その専門店が次々と誕生した。

この現象は、それぞれの焼肉メニューが独立した料理とみなされることから起こったと解釈できる。これに対し日本では、それらのメニューは焼肉という料理のバリエーションとして理解されるため、新しい種類の焼肉が生まれても単に店のメニューが増えるだけで、専門店が生まれるようなことはなかった。

この焼肉メニューに対する認識の差は、次に述べるように、焼肉の注文の仕方にも違いを生んでいる。

一品だけ注文する韓国とあれこれ注文する日本

韓国では焼肉メニューを一品だけ注文し、皆が同じコンロを囲んで焼いて食べる。これは、焼肉メニューの一つひとつを独立した料理としてとらえているからで、たとえば日本でも、蕎麦とうどんはどちらも麺類に属するが、一度に二つを注文して食べることはない。

それに対して日本の焼肉は、あれこれ注文して焼いて食べるのが一般的で、これは焼肉メニューのそれぞれを、味を楽しむためのバリエーションとしてとらえるためだ。

しかし、日韓のこの違いは焼肉が誕生した頃には存在しなかった。というのはその頃の焼肉メニューは、プルコギとカルビ焼きしかなく、もともと一品だけ注文して食べるものであったからである。

ところが日本で内臓焼肉が誕生すると、その状況に変化が生まれる。

精肉焼肉の代用として始まった内臓焼肉は、初めはメニューも少なく一品だけ注文するものだったかもしれないが、さまざまなメニューが並ぶようになると、いろいろ注文して焼いて食べるように変わっていった。これがあれこれ焼いて食べる食べ方、すなわち「日本式焼肉」の誕生・定着であった。

日本のあれこれ注文して食べるこのスタイルは、実は、先行の商売があった。たとえばヤキトリ屋では、「ハツ（心臓）とシロ（腸）とキモ（肝臓）」などと好みの部位をあれこれ注文するが、このスタイルは、寿司屋、おでん屋、串カツ屋なども同様で、酒の一杯でも飲みながら食べる店のほとんどがこのようであった。そしてこのスタイルが、焼肉店にも取りこまれたと考えることができる。

以上のように、焼肉を一品だけ食べるのか、あれこれ注文して食べるのかは、歴史的成り立ちや料理文化の反映としてとらえることができるのである。

客の前で切る韓国、切って出す日本

韓国ではカルビがほどよく焼けると、店員がハサミで切って食べるよう勧めるが、これは焼肉に限ったことではなく、店によっては冷麺を注文しても椀にハサミを差し込んで客の前で切るし、白菜キムチも長いまま出して客の前で切る。

なぜ客の前で切るのだろう。焼肉の場合は大きく切った良質の肉であるのを確認してもらい、冷麺は長く作った良質の麺であるのを知ってもらい、キムチは甕から出したばかりのキムチであるのを見てもらってから切る。つまり、良品である（使いまわしたものでない）ことを客に認識してもらうことに価値を置いている。

これは混ぜて食べるピビンパッも同じことだろう。一般には「韓国人は何でも混ぜて食べる」と解説されることが多いが、本当のところは、ご飯の上の具が良質のものであることを確認できるように混ぜずに出すのに違いない。

これに対し日本では、カルビは骨を外し、ロースは食べやすい大きさに切って、見栄えよく皿に盛りつけて客に出す。麺類の場合もあらかじめ適切な長さに作ったものを用い、漬物もほどよい大きさに切ってきれいに並べる。つまり、心を込めて食べやすい大きさ・長さにし、見栄えよく盛り付けることに価値が置かれる。

これらから、朝鮮料理は「良いもの」であることを重んじ、日本料理は「心を込める」ことを重んじていることがわかる。食べる前の所作や皿に盛られた肉の姿にも、日韓の料理文化が如実に現れているのである。

焦げない焼肉と焦げる焼肉

朝鮮朝時代には、焦げないように焼く焼肉料理が発達した。その伝統は宮廷料理に限るものでなく、日本の飯場で作られたトンチャン焼きも同様であった(2)。

今日ではどうだろう。韓国滞在歴の長い産経新聞の黒田勝弘によると、「韓国で焼肉を食べると、従業員がひどくいそいで肉を食わせる」という。その理由は、焼き過ぎる前のおいしい味を味あわせるためというのは善意の解釈で、本当は従業員が早く仕事を終えたいためだと語る（『韓国を食べる』二〇〇一年）。

だが私は、氏の「善意の解釈」の方を取る。というのは私も焼き過ぎが嫌いで、大勢で焼肉をつつく時にはいつも、「なぜ早く食べないのか」とイライラする。韓国の従業員の気持ちがよくわかるのである。

日本では反対に、よく焼けるまで待つ人が多い。それは、魚を焼くのと同じ感覚だからではないだろうか。日本では、魚は焦げ目がつかないと焼いたことにならないから、わざわざ焦げ目をつけることさえする。それと同様に、肉も焦げ目がつくまで焼かないと気がすまないのだろう。そのためサンマを焼くように、煙をもうもうと上げることにあまり抵抗感がない。

韓国では肉を焼く網をしょっちゅう取り替えてくれるが、それは網に肉が焦げてくっつくと味が台なしになるからという（前掲書）。肉汁が落ちる前に食べ、網につく肉の焦げつきも避けるのであるから、煙は日本のようには上がらない。

韓国では、肉を焦がさないようにするために、中央部が盛り上がった鍋が流行した。プルコギの場合はさらに徹底して、肉に汁気を混ぜ、キノコなどの野菜を加えて焼く方法があみ出された。

これに対し日本では、煙がもうもうと上がることを前提とし、その上で対策を考えた。こうして生み出されたのが、無煙ロースターという大発明であった。

必要が発明の母というのはまさにこのことだが、日本と韓国の対応が正反対であったのはおもしろい。その背景には、肉が焦げることに対する感覚の違い（料理文化の違い）があったと考えられるのである。

ツケダレの使用

日本の焼肉はツケダレ（焼いた肉につけるタレ）をつけて食べるのが一般的だが、韓国ではツケダレをつけないことが多かった。そのため焼肉のツケダレは、日本で始まったとする主張がみられる。

だが日本ではなぜ、味付け肉を焼いてからさらにタレをつけて食べるのだろう。一説には、熱く焼けた肉を食べるとやけどをするので、すき焼きを生卵につけるようにツケダレにつけて冷やすのだといい、また一説には、刺身の食べ方をまねたのだという。

もっともらしく聞こえるが、本当だろうかという疑問がついてまわる。なにしろ根拠の提示がなにひとつないのだから、筆者には、思いつきかあとづけ程度にしか聞こえない。

一方、焼肉に先行して誕生したジンギスカンは、味付け肉か生肉かの違いに関わらず、焼いたものにタレにつけて食べることが多かった。つまり焼肉のツケダレには、ジンギスカンという先輩がいたのである。しかも焼肉の誕生にジンギスカンが関係したことからすると、焼肉のツケダレもその影響によるものと考えないわけにはいかない。

ふりかえって朝鮮料理の場合を考えると、伝統の膳には調味料がつきもので、朝鮮朝時代の両班《ヤンバン》（支配階級）の膳には、コチュジャン（唐辛子味噌）や酢醤油などを入れた小皿が、ご飯と汁物のすぐ後ろに並べられた（図4－5）。

それらは食べる人の好みで使われたが、焼肉料理もその例外ではなかった。

具体的には一九四〇年刊の『朝鮮料理』（伊原圭［孫貞圭］）に、「酢醤油：焼肉、焼魚、てんぷら（朝鮮料理の〝ジョン〟のこと…引用者注）等の付け醤油として置く」とある。つまり〝焼肉〟（本書で言う焼肉料理）にも、酢醤油を付けて食べたのである。

ただし、韓国の食文化研究の大家・尹瑞石《ユンソソク》先生にうかがったところによると、焼肉料理には付けないことの方が多かったという。したがって朝鮮南部で誕生したプルコギやカルビ焼きも、ツケダレをつけないことの方が多かっただろう。それが日本に渡ってからジンギスカンの影響を受け、ツケダレ式になったものと考えられる。

一方の朝鮮では、ツケダレを用いないことが多いが、ツケダレ式もまた存在した。その具体例は、「七〇年代の焼肉」の項で紹介したカルビ焼き（図3−6で示したもの、写真の左下にツケダレ用の皿が見える）、ソグムクイ（塩焼き）、ロースクイ（ロース焼き）に見られ、「八〇年代の焼肉」ではモドゥムクイ（盛り合わせ焼肉）がそれに該当する。また、九〇年代にはツケダレ式の生肉の焼肉が大流行し、今日ではむしろツケダレ式の方が多いようにも見える。

日本式のツケダレも韓国に流入するが、それが見えるようになるのは、日韓の交流が深まる八〇年代以降からで、それ以前のツケダレは韓国の伝統に基づいたものがほとんどといえるだろう。以上のことから、ツケダレ式が多いか少ないかは、時代的な変遷によることの方が大きいと考えられる。

料理を醤油などで調味して食べるのは東アジアに共通する文化で、焼肉のツケダレもそうした料理文化の一翼を担ったものといえる。ツケダレ式が日本の焼肉の特徴というのは事実ではないのである。

焼肉に付随する料理

韓国では焼肉（たとえばカルビ焼き）を注文すると、キムチやナムルなどがにぎやかにテーブルに並ぶ。高級な店に

図４－５　朝鮮朝時代の両班（支配階級）の食膳の例
（尹瑞石『韓国飲食（歴史와 調理法）』改訂版、修学社、1999年）
ご飯と汁物が手前にあり、その後ろに３種類の調味料が並んでいる（小皿のもの）。そしてその周囲に、おかずやキムチが並ぶ。

なるほど皿数が増し、食べ切れないほどの量になる。しかもおかわりしても追加料金を取られることはない。

これは焼肉だけでなくどの料理でも同様で、メインの料理のまわりにキムチやナムルなどを並べるこの形式は、朝鮮朝時代の両班（支配階層）の食膳（図４－５）に由来する。

このことからすると、一九三〇年代中頃に日本に伝わったプルコギやカルビ焼きもまた、キムチやナムルなどが付随する形式の料理であったと考えられる。しかし日本ではその伝統が消滅し、これらの付随料理は注文制に変わった。

調べてみると、キムチやナムルが有料なのは、日本に朝鮮料理が伝来した当初からで、一九〇五年に開店した東京・上野広小路の朝鮮料理店の沈菜（キムチのこと）は、三銭と記録されている（清九郎「妙なうまいもの案内（其五）」、『月刊食道楽』明治三十八（一九〇五）年十二月号）。

この店は、客の主体が日本人だったことから、キムチやナムルを求める客にのみ有料で提供したのだろう。その後も、朝鮮料理の上級店では日本人客の出入りが続き（『キムチの文化史—朝鮮半島のキムチ・日本のキムチ』）、有料制が継続・定着していったものと考えられる。そして前記したように、戦後早々の「明月館」や「食道園」もまた有料であった。

したがってキムチなどの有料制は、日本人の好みに適応した例といえるだろう。

註

（1）テッチャン、トンチャン、チレは戦前期に日本に入ったが、戦後に日韓交流が盛んになってから入った言葉もある（例：ウルテ〔もともとは「声帯」を指すが、日本では「気管の軟骨」の意味で使われる〕）

（2）水で濡らした紙の上で肉を焼く宮廷料理のように、日本の飯場では、水を染み込ませたセメント袋の厚紙の上でトンチャン（牛の腸）を焼くことも行われた（『焼肉の文化史』）。

おわりに

前著『焼肉の文化史』を刊行した後に、もう少しコンパクトにまとめたら、もっとたくさんの人に読んでもらえるのではないかと思い立った。そこでストーリーを練り直し、原稿を書き直してみたのだが、もうひとつ納得がいかない。あれこれ考えてみて、それは焼肉の誕生についての解明が不十分なためであることに気がついた。

それはもとから気になっていた点だった。しかし前著では、新しい焼肉史を提示することや従来の説が間違いであることを提示するのに精いっぱいで、焼肉誕生の解明にまでは行きつけなかったのだ。そこで気持ちを入れ替え、焼肉の誕生に焦点を絞って調べ直してみようと決心した。こうして出来上がったのが本書である。

今回の著作で特に印象の残るのが、戦前のグルメ雑誌『食道楽』の記事だった。大阪で刊行されたこの月刊誌は、ひじょうにユニークで、料理店や食風俗に関する具体的な記事であふれ、当時の食文化を知るのに格好の資料であった。そこでそれを調べるため、行きつけのケンショク「食」資料室（非公開）に何日も通いつめた。雑誌を机上に高く積み上げ、一ページずつめくって探す作業をしばらく続けたのだが、時として興味深い記事が目に飛び込んでくる。中でも、戦前期のホルモン料理の広告や、プルコギという言葉（ただしプルケギとある）の最古の記録、そして野口英世がモツの牛飯屋に通っていた記事などを見つけた時には、少なからず興奮した。

あれこれ調べていくと、焼肉誕生のイメージが少しずつ湧きあがってくる。それをさらに深掘りするため、新たに掘り起こした資料やこれまで集めてきた資料を時系列に並べ、時代の状況や様々な情報を総合しながら解釈を加えていった。すると少しずつ、焼肉誕生の歴史が具体的で立体的な姿となって現れてくるのだった。

しかし、その作業は平たんなものではなかった。初期のストーリーは内部に矛盾を含み、すっきりしなかった。そこで組み替えをし、考え直し、調べ直す作業を何度も繰り返したが、こうしてやっと納得のいくストーリーにたどり着くことができた。しかもそれは、日本と韓国の焼肉の違いやその歴史がスムースに理解できるものであった。

一方でこれは、新しい造語を創り出す作業でもあった。焼肉の誕生とその後の変遷の歴史を説明するためには、どうしても新しい概念であるカルビ酒屋、焼肉食堂、日本式焼肉店などの言葉が必要であった。

だがこれは、読者にとってはなじみのない言葉がたくさん登場することにもなる。そして時には、理解を妨げることにもなるだろう。その弊害を少しでも除去するために、巻末に索引らしきものを作っておいた。本文と併せて活用していただければと思っている。

ところで、内臓焼肉という言葉も造語したが、内臓は肉ではないので、この言葉自体に内部矛盾がある。しかし一般には、内臓を焼いて食べるものも焼肉と呼んでいるので、その習慣にしたがってこの言葉を創った。だがなぜ、内臓なのに焼肉と呼ばれたのだろう。それは内臓が精肉の代用として使われたことに由来するとみられる。したがって内臓を焼いたものを焼肉というのは日本だけであって、韓国には内臓焼肉という概念自体すら存在しないことを付言しておきたい。

この本の一連の作業によって、焼肉の誕生とその発展の歴史がほぼ解明できたと考えている。しかし考古学がそうであるように、新たな発見があればその都度書き換えを行っていくことが必要になるだろう。だがそうだとしても、この本で組み立てた大枠が大きく崩れることはないと見込んでいる。そういった意味で、一つの仕事をやり終えたことに自分なりに満足している。

焼肉の歴史は、単なる料理史の一断面にすぎないかもしれない。だが、そればかりではない。なぜなら、ここで示した歴史は近代史そのものであるし、日本の海外侵略を背景にして生じた文化融合と、その荒波に押し流され呻吟しながらも活躍する人々のドラマでもあるからだ。この本を読んで、そういったことを少しでも感じ取っていただけたなら、筆者としてそれ以上の喜びはない。
最後に、数々の資料を紹介してくださったケンショク「食」資料室の吉積二三男氏、猪飼野と焼肉やホルモン料理の登録商標に関する情報を提供していただいた郷土史家の足代健二郎氏、韓国の焼肉についてのアドバイスをいただいた韓国食文化史の重鎮であられる尹瑞石先生など、協力いただいたたくさんの方々にこの場を借りて感謝したい。また、出版を快く引き受け、編集に熱心に携わっていただいた雄山閣の皆様に、心から感謝申し上げたい。

二〇一一年二月五日

神戸の自宅にて　佐々木道雄

参考文献

使用・引用した書籍類の多くは本文中に掲げたので、ここでは特に参考にした文献・資料のみを選んで紹介する（韓国の書籍を除く）。

【単行本・雑誌】

佐々木道雄『焼肉の文化史』明石書店、二〇〇四年
同『朝鮮の食と文化―日本・中国との比較から見えてくるもの』むくげの会、一九九六年
同『キムチの文化史―朝鮮半島のキムチ・日本のキムチ』福村出版、二〇〇九年
尹瑞石・佐々木道雄訳『韓国食生活文化の歴史』明石書店、二〇〇五年
朝倉敏夫『日本の焼肉　韓国の刺身』農山漁村文化協会、一九九四年
宮塚利雄『日本焼肉物語』太田出版、一九九九年
鄭大聲「焼肉店のルーツと歴史」『焼肉店　第二集』旭屋出版、一九九四年
文藝春秋編『B級グルメが見た韓国』文藝春秋、一九八九年
森枝卓士・朝倉敏夫『食は韓国にあり』弘文堂、一九八六年
藤田綾子『大阪「鶴橋」物語―ごった煮商店街の戦後史―』現代書館、二〇〇五年
江崎光子『長い旅』朝日カルチャーセンター、一九八三年
有馬てるひ「ホルモン焼きのルーツ」『ナニワ万華鏡―あなたの知らない大阪の魅力』東洋経済新報社、一九九九年
黄慧性・石毛直道『韓国の食』平凡社、一九八八年
桜井厚・岸衞編『屠場文化―語られなかった世界―』創土社、二〇〇一年
中島久恵『モノになる動物のからだ―骨・血・筋・臓器の利用史』批評社、二〇〇五年
「〝焼きとり〟〝串揚げ〟を楽しむ百科」『焼とり 串かつ 串料理』旭屋出版、一九九六年

中村喬編訳『中国の食譜』平凡社、一九九五年

【論　文】

外村大「戦前期日本における朝鮮料理業の展開」『食文化研究助成　成果報告書』第十三回第一巻、㈶味の素食の文化センター、二〇〇三年

【インターネットのホームページ】

尽波満洲男「現場主義のジンパ学」(http://www.geocities.co.jp/CollegeLife-Circle/2248/jinpa12.html)

また、焼肉の誕生地である大阪・猪飼野と焼肉の関係については、「焼肉は猪飼野からはじまった」(上田正昭監修『ニッポン猪飼野ものがたり』批評社、二〇一一年)で掘り下げて検討しているので参照していただきたい。

【その他の用語】

【地　名】

索　引

この本には、普段聞きなれない用語や筆者の造語がたくさん登場する。そこで読者の理解の助けとするために、主要な用語などを対象にして、その定義や説明に類する記述のある箇所をページ数表示した。なお、主な定義や説明のあるページは太字に、図版のあるページはイタリック体に、両方に該当するページは太字のイタリック体とした。

■著者紹介

佐々木道雄（ささき みちお）

1947 年、岩手県盛岡市に生まれる。山形大学文理学部理学科卒業。会社勤務の傍ら、神戸の市民団体・むくげの会で朝鮮半島の歴史と文化について学ぶ。
2000 年から、東アジアの食文化史・交流史研究に専念。

《主要著書》

『朝鮮の食と文化―日本・中国との比較から見えてくるもの―』（むくげの会、1996 年）、『新コリア百科』（共著、明石書店、2001 年）、『韓国の食文化―朝鮮半島と日本･中国の食と交流―』（明石書店､2002 年）､『焼肉の文明史』（明石書店、2004 年）、『韓国食生活文化の歴史』（訳書、明石書店、2005 年）、『キムチの文化史―朝鮮半島のキムチ・日本のキムチ』（福村出版、2009 年）、『ニッポン猪飼野ものがたり』（共著、批評社、2011 年）

＊本書は、平成 23（2011）年 3 月刊行の『焼肉の誕生』を改題し、装丁を新たに刊行したものです。

令和 7 年（2025）2 月 25 日　初版第一刷発行　　《検印省略》

焼肉《やきにく》の歴史《れきし》

著　者　佐々木道雄

発行者　宮田哲男

発行所　株式会社 雄山閣
〒 102-0071　東京都千代田区富士見２－６－９
TEL：03-3262-3231(代)／FAX：03-3262-6938
URL：https://www.yuzankaku.co.jp
e-mail：contact@yuzankaku.co.jp
振 替：00130-5-1685

印刷・製本　株式会社 ティーケー出版印刷

ISBN978-4-639-03029-4　C0036
N.D.C.596　184p　21㎝